Rolf Friedrich Schuett

Glückliche Idyllen kontemplativen Lebens im Elfenbeinturm

Hieronymus im Gehäus

Rolf Friedrich Schuett

Glückliche Idyllen kontemplativen Lebens im Elfenbeinturm

Hieronymus im Gehäus

Bibliographische Information Der Deutschen Bibliothek:
Die Deutsche Bibliothek verzeichnet diese Publikation
in der Deutschen Nationalbibliographie; detaillierte
bibliographische Daten sind im Internet abrufbar über
http:// dnb.ddb.de

Herstellung und Verlag :
BoD – Books on Demand, Norderstedt

Printed in Germany

ISBN 978-3-7543-3342-6

INHALT

Für Elke
in Liebe und Dankbarkeit

Für Elke
in Liebe und Dankbarkeit

Theorie oder Praxis,
Denken oder Handeln?

Sogar die richtige Theorie der Individualität
sollte ganz individuell sein.

Theoretisch handelt er : Er denkt praktisch.

Einst war die gesuchte Einheit von Theorie und
Praxis wenigstens noch eine schöne Theorie
oder Theologie.

Jeder Erkenntnistheoretiker hat den Grundsatz:
Zur Sache, Wort- und Antwortschätzchen!

Denker *now* : Graue Zellen entwickeln
graue Theorien des grauen Alltags.

Erst sah man das Pfaffengewäsch in Theologien
und nun schon in jeder reinen Theorie.

Um Praktiker zu sein, genügt es nicht,
keine theoretische Begabung zu haben.

Gute Beispiele verderben schlechte Theorien,
schlechte Exempel nie gute Theorien.

Empirismus ist die Theorie, dass Theorien nicht
genügen und alles aus der Sinneserfahrung
stammt außer der Theorie,
dass alles aus ihr stammt.

Wer A sagt, muss auch A tun
und nicht B sagen, sagen Praktiker,
und wer A sagt, muss auch B sagen
und nicht A tun, sagen Theoretiker.

Die berühmte Einheit von Theorie und Praxis
wird meist so verstanden, dass der Kopf schon
alle Kompromisse vorwegnimmt,
die das Handeln dann ohnehin eingeht.

Für Untäter sind Theoretiker
energische Zitatmenschen.

Theoretiker sind selten.
Die übrigen Menschen haben zwei linke Hände.

Theorie und Alltag haben eins gemeinsam:
die Farbe Grau. (Aber auch ihr Grau in Grau
hat Grauzonen und grauenvolle Grautöne.)

Theorie & Praxis. Was du dir ausdenkst,
handelst du dir ein.

Die Vererbungslehre vererbt sich nicht,
die Abstammungslehre stammt weder
von Darwin noch vom Affen ab, und nur
die Evolutionstheorie entwickelt sich weiter.

Grau ist alle Theorie, aber sie malt wenigstens
nicht schwarz-weiß und wendet sich nicht
von selbst an — das Herz.

Ein Praktiker unterscheidet sich vom Theoretiker fast dadurch, dass er theoretisch nur handelt,
statt nur theoretisch zu handeln.

Der Mikrokosmos ist ein Zerrspiegel
des Makrokosmos, aber spiegelt
die Quantentheorie auch die Relativitätstheorie?

Die größte Kreativität entwickelt *auch,*
die geringste *nur* ihre eigene Theorie.

Systematische Gesellschaftstheorien
spiegeln soziale Zwangssysteme.

Verelendungstheorie. Der vierte Stand
hat den materiellen Wohlstand des Kleinbürgers
und der dritte Stand den geistigen Tiefstand
des Proleten erreicht.

Eine Theorie, unter die alles fällt,
lässt sich kaum aufstellen,
ohne dass sie gleich mitfällt.

Die Realität versteht der Forscher nur in der
Tradition seiner Theorien, der gemeine Mann
nur in der Praxis seiner Traditionen.

Theorie und Praxis : Werke verhüten Taten,
und Taten verhüten Werke.

Ihre praktische Bedeutung liegt darin,
dass eine gute Theorie existiert.

Wer Überschüsse an Theorien erwirtschaftet,
kann damit handeln.

Nur graue Theorien kommen raus
aus den grauen Zellen in den grauen Alltag.

Jede Aktionstheorie wird beherrscht
von dem Gedanken des entthronten Denkens.

Wer Theorien praktiziert, handelt wie einer,
der von Realität träumt.

Die raffinierteste Genussfähigkeit der Welt
erreicht der vielbelächelte reine Theoretiker.

Neue Ideologien zeigen die harte Politik von
schwammigen Theorien, aber alte Institutionen
die laxe Praxis von strengen Doktrinen.

Was soll ein guter Künstler anfangen
mit Quantentheorie oder Phänomenologie
und ein stiller Gelehrter mit einer Weltliteratur
voller Kriegsgeschrei und Liebeshändeln?

Theologie ist menschliche Theorie
der göttlichen Praxis und Gesellschaft
eine menschliche Praxis, die Theorien
über himmlische Theorie auslegt.

Das theoretische war dem praktischen Leben
immer überlegen, weil untätiges Wissen
mehr bewirken kann als tätiges Unwissen.

Erfahrungen können ein Weltbild widerlegen
nur zusammen mit einem besseren.

Was aus einer Theorie nicht folgt,
verfolgt sie.

Künstler handeln, indem sie Gedanken
und Gefühle nicht in Untaten verwirklichen,
die zu Werken anregen, sondern in Werken
verkörpern, die zu Tatenlosigkeit animieren.

Experimente werden vorgeschlagen
von Praktikern, die sie nie auswerten,
und von Theorien, die ihre eigenen Totengräber
nie finanzieren können.

Wissenschaft macht Fakten so lange zu
Beispielen von Theorien, bis diese Theorien
als Musterbeispiele für Tatsachen gelten.

Maschinensturm im Wasserglas. Der Arbeitssklave befreit sich, indem er sich zum Geistes-
arbeiter macht und Selbstbefreiungstheorien
selbst ausarbeitet statt nur ausführt. Er überführt
die asoziale Wirklichkeit in eine eigene Selbst-
befreiungslehre statt eine sozialistische Revolutionstheorie in die soziale Wirklichkeit.

Theorie & Praxis : Wer *über* Menschen
nachdenkt, will *mit* ihnen handeln.

Kants drei Kritiken: Vorurteile der Theoretiker
sind Axiome, der Praktiker sind Prinzipien
und der Künstler Maximen.

Wissenschaftstheoretisch ist die Gottesidee
nicht mehr als eine bloße Hypothese,
mehr als eine bloße Hypothese zu sein.

Computer verstehen keine Aphorismen,
aber sich auf Systemtheorien.

Theorie will, was das Beste wäre,
Praxis will, was gut genug wäre.

Die Evolutionstheorie dient praktisch dem
Überleben durch Anpassung an eine Umwelt
von überzeugten Evolutionstheoretikern.

Pech ist die Poesie der Praktiker –
und die Theologie der Theoretiker.

Revolutionstheorie § 1 : BWL ist nicht VWL.

Die Theorie praktischer Realisierung von
Theorien ist praktisch nicht mehr realisierbar.

Die Konsenstheorie von *Habermas* ist sinnfrei,
weil prinzipiell unwiderlegbar : Wer sie auch
kommunikativ bestreitet, gibt ihr schon Recht.

Logische Schlüsse eröffnen praktische Entschlüsse, aber Praxis widerlegt keine Theorie,
da gute Theorien das aktive Leben entkräften.

Der einzige rationale Nutzen von etwas ist der
praktische Nutzen nicht *von* reinen Theorien,
sondern *für* reine Theorien.

Praxis bestätigt empirisch widerlegte Theorien,
und Erfahrung bewährt praktisch widerlegte
Theorien.

Realität ist so, dass sie zu Träumen zwingt,
doch Phantasie nicht so,
dass sie zum Handeln treibt.

Erst denken, dann handeln?
Erst reden, dann nichts mehr tun!

Philosophen denken kaum noch,
sie handeln nur noch. – Mit Begriffen.

Träumen vereint mit den Dingen,
Handeln entzweit mit den Dingen,
und Denken vereint beides zugleich.

Ob Handarbeit oder Kopfarbeit,
das Wesen des Handelns ist das Köpfen.

Eskapismus. Soziale Probleme
behandelt vor allem jener, der keine hat.

Wer weniger handelt und mehr verhandelt,
wird auch nicht besser behandelt.

Es handelt nicht schon besser,
wer mehr Gutes tut.

Abstraktes Denken braucht konkrete Dinge,
konkretes Handeln aber abstrakte Begriffe.

Verleger handeln noch mit ihren Büchern
und Autoren nicht mehr durch ihre Bücher.

Wer nie genug weiß, um handeln zu können,
kann aber reden und schreiben,
um nicht handeln zu müssen.

Der letzte Ausweg jener, die nicht denken
können, ist Handeln, und die nicht handeln
können, das Schuften.

Eine Bürokratie erkennt man stets daran,
dass sie rasch und unbürokratisch handeln will.

Die meisten verstehen alles außer der Logik
und (sich auf) gar nichts außer zu handeln.

Dass gute Praktiker gleich ranmüssen,
ist eine schlechtere Theorie.

Man kann nicht handeln, um glücklich
zu werden, man muss schon so glücklich sein,
handeln zu wollen.

Die Evolutionstheorie lässt sich
nicht korrigieren von Menschen,
die nur von ihr aus gesehen werden.

Einst war Handeln brauchbar und das Grübeln
unnütz. Nun werden die Theorien praktikabel
und große Taten immer theoretischer.

Der Praktiker macht sich zum Opfer
der Theorien, die er nicht kennt.

Jede gute Theorie befördert einen Fortschritt
und behindert den folgenden.

Träumen ist, wenn man trotzdem wacht;
Theorie ist, wenn man Machern trotzt.

Arbeit macht Handeln zum *Neg-otium*.

Der erste und der letzte Anhänger einer Theorie
werden ausgelacht (also hilfreich unterschätzt).

Aphoristiker sind reine Theoretiker. Sie führen
praktisch nicht weiter aus, was sie ausdrücken.

Theoretiker wollen nur an keinem Tatort
erwischt werden.

Nur der theoretische und kontemplative Zweck
heiligt die aktiven und praktischen Mittel.

Sinn jeder Tat ist ihre nutzlose Theorie,
Sinn jeder Lehre ist Untätigkeit statt Untat.

Der Konstruktivist wehrt die Realität ab
wie der gute Realist die beste Theorie.

Naturforscher glauben,
durch technische Anwendung
ihrer Entdeckungen schon praktisch zu handeln.

Hippokrates. Wem was fehlt, der sucht
eine Praxis auf, wer nichts hat, die Theorie.

Eine neue Theorie ist ein Aufstand
gegen gängige Praxis, die der Sklave
einer alten Theorie ist.

Ist die Wahrscheinlichkeitstheorie
mehr als wahrscheinlich wahr?

Theorie : höchste Form der Praxis.
Handeln : niedrigste Form des Denkens.

Theorie verhält sich nun zur Praxis
wie der Querkopf zum Quertreiber.

Man denkt mit Ellbogen, handelt mit Köpfen.

Der Blick ist eine Theorie, der Bauch
liefert Beispiele, die Brust widerlegt sie,
und das Bein vergeht sich.

Die Brust will sich brüsten,
die Hand will handeln, der Kopf will köpfen.

Der Arme legt Hand an;
der Reiche handelt damit.

Philosophie war mal eine Relativitätstheorie
der verabsolutierten Praxis.

Theoretiker gelten als Handlanger der Praktiker,
diese für jene als handfeste Ideologen.

Dass Praxis wichtiger sei als bloße Theorie,
ist eine bloße Theorie.

Theorie und Praxis : Spinnen und basteln,
einsam dösen und gemeinsam davon quasseln.

Was deine Theorien widerlegt,
nennst du bloße Theorie,
und was meine Theorien widerlegt,
nennen deine Theorien nackte Tatsache.

Redliches Handeln weist bloßes Reden von der
Hand, behandelt aber Handarbeit wie Dreck.

Wer Taten sprechen lässt,
handelt mit Worten.

Es handeln nur Vorbehandelte.

Fakten dürfen Theorien nicht besser erklären
als Theorien die Tatsachen.

Theorie & Praxis. Denken heißt „Kopf hoch",
Handeln heißt „Kopf ab".

Wissenschaftler verwandeln Praxis und Fakten
nur in Theorietests.

Schwarzweißmalerei verschönt graue Theorien,
grauen Alltag und das Feldgrau(en).

Theorien werden in Untaten praktikabel.

Versteht ein Konzept die Aktion besser
als Praxis (sich auf) ihre Theorie?

Handeln sucht Probleme loszuwerden,
ohne sie zu lösen.

Nach Denken kommt Sprechen
in Widersprüchen, die das Handeln abtun.

Wer Motive und Folgen nicht kennt,
handelt; wer sie kennt, denkt.

Kommunikation verhält sich zum Handeln
wie ein Schauspieler zum Helden.

Geschichte: Von Kundschaftern des Handelns
zur Kundschaft des Handels.

Uneigennützigkeit ist die Objektivität
der Praktiker, und Sachlichkeit
ist die Selbstlosigkeit der Theoretiker.

Logik ist die Kunst, schwere Dinge
wie luftige Ideen zu behandeln, u. u.

Entscheide dich praktisch
für mehr Entscheidungstheorien!

Nur Weltuntergangstheorien schieben ihn auf.

Realistische Praktiker sind Feiglinge.
Sie flüchten vor gewagten Theorien.

Lieber graue Theorie in grauen Zellen
als blaue Bohnen und blutrote Praxis.

Hänge einer guten Theorie an,
doch nie ihren besten Anhängern.

Das moderne Schreckgespenst sei dein
Wunschbild : Der weltfremde Gelehrte
zwischen verstaubten Folianten, der abgeho-
bene Theoretiker ohne Praxisbezug, der starre
Dogmatiker und graue Studierstubenhocker.

Nur verstiegene Theorien steigen
tief genug ein in praktische Probleme.

Warum ruft eine Theorie nach mehr Belegen
als eine Sache nach Begriffen?

Der Theoretiker, der sich selbst ändert,
benötigt – und der Praktiker, der die Welt
ändert, *verkörpert* eine Begründung.

Eine Theorie sollte zu wahr sein für die Praxis
und ein Mensch sich zu gut sein für Aktionen.

Auch Nietzsches Theorie, dass jede Theorie
unwahr sei und nur Macht ausüben wolle,
ist dann unwahr und will nur Macht ausüben.

Jugend : vital und dummdreist.
Riskante Praxis, bequeme Theorien.
Alter : altklug und rappelig.
Kleinmütige Praxis, gewagte Theorien.

Praktiker sind Leute, denen die Wahrheit
viel zu theoretisch ist.

GUT. Every theory of everything müsste
selbstverständlich auch sich selbst verstehen
– ohne weitere (Meta-)Theorie.

Theorien haben wahrscheinliche Gründe
und unwahrscheinliche Folgen oder sichere
Prognosen und unsichere Prämissen.

Theorie und Praxis sind theoretisch eins
und im Zweifel praktisch entzweit.

Praxis ist ein Gerät, Theorie ist Gerätsel.
Praktiker verschwenden und versenken
ganze Erdteile, Theoretiker verschwinden
in ihrer Versenkung.

Theorie und Praxis verhalten sich nun
eher wie Unmut und (Über-)Mut
als wie Demut und Zumutung.

Paradoxie ist die Form, in der Theorien
praktisch, Abstraktionen konkret,
Normen normal und Ideen realistisch werden.

Konzepte der Praktiker sind so viel wert
wie die Rezepte der Theoretiker.

Eine gute Theorie ist der Sieg
der festen Wahrheit über die gängige Praxis.

Lieber Kosmologie als Kosmetik,
lieber Chaostheorie als Chaoten?

Es gibt auch Praktiker, die von der Nachwelt,
und Theoretiker, die von der Innenwelt
abgeschnitten sind.

Der reine Theoretiker sperrt die engagierten
Praktiker von Babel in ihren Elfenbeinturm.

Früher lag die Wahrheit in einer Theorie,
heute nicht einmal in der Realität.

Pragmatische Praxis ist viel unbegreiflicher
als gute reine Theorie.

Die Welt ist voller Widersprüche.
Wie kann da eine Theorie wahr sein,
die es nicht einmal zu Widersprüchen bringt?

Eine Theorie, die gesellschaftlich funktioniert,
ist damit widerlegt.

Praktiker realisieren Ideen, um sie dadurch zu
verstehen. Theoretiker verstehen an Ideen nur,
was zu gut ist, davon realisiert zu werden.

Vier Erkenntnistheorien : Jeder (v)erkennt,
wie er die Welt (v)erkennt.

Theorie sucht das Wahre,
Praxis findet die Ware.

Wittgenstein behandelt Probleme
wie ein Arzt seine chronischen Patienten.

Wie viel muss heute verdrängt halten,
wer hemmungslos handeln will?

Wir handeln nur noch durch das,
was wir für den Handel herstellen.

Du kannst untätig bleiben, deine Untaten
sind Tätigkeiten deiner Industrieprodukte.

Jeder handelt, wie er behandelt wurde,
und tut nur, was man ihm antat.

Wenn jeder, der an andere denkt,
im Grunde nur (an sich) selber denkt,
handelt er vielleicht selbstlos,
wenn er auch mal an sich selber denkt?

Handarbeiter handeln nicht – sie werden be-
und gehandelt. Kopfarbeiter arbeiten nicht –
Köpfchen lässt arbeiten.

Wer handelt, tauscht Opfer gegen Gewinn.

Behandelt man dich schon gut,
wenn man sich von dir misshandeln lässt?

Heidegger, Bloch, Sartre. Viele Denker, die im
20. Jh. besonders tief über politisches Handeln
nachdachten, handelten politisch bedenklich.

Man handelt ohne gute Gründe
und unterlässt es trotz aller guten Gründe.

Könnte darin noch handeln,
wer das große Ganze durchschaute?

Handeln verbraucht mehr Leben,
doch weniger Lebenszeit als Denken.

Ich bin für mehr Denken und weniger Handeln,
damit mehr Untätige und weniger Untäter ihre
Denkmäler bekommen.

Ein Gelehrter handelt, indem er weiß,
wovon seine Bücher handeln.

Handel und Verhandeln ist die Arbeit der Faulpelze, Schuften die Handlung der Habenichtse.

Pragmatiker denken gewöhnlich
viel verrückter, als Philosophen handeln.

Politik handelt, wenn Beunruhigung
mit Unruhen (ver)handelt.

Handeln heißt heute handarbeiten lassen,
und Denken heißt Köpfen.

Wer so klug ist, vorher nachzudenken, wird
nicht so dumm sein, danach auch zu handeln.

Welche Bücher handeln nicht mit dem,
wovon sie handeln?

Wir sind so frei, Gutes zu tun,
und so böse, unfrei zu handeln.

Wissen, Witz oder Weisheit?
Zitatsachen

Lucius Annaeus Seneca
(um 4 v.Chr. bis 65 n.Chr.)

"Diejenigen allein leben in Muße, die ihre Zeit der Weisheit widmen, sie allein leben wahrhaft, denn sie nutzen nicht nur ihre eigene Lebenszeit gut, sondern sie machen sogar jedes andere Zeitalter zu dem ihrigen."

(Seneca: "Von der Kürze des Lebens")

"Nein, ich verweise dich auf die edlen Wissenschaften; zu ihnen muss jedermann sich flüchten; sie werden die Wunden heilen und alle Traurigkeit gänzlich verscheuchen." "Wer sich zu den Wissenschaften zurückzieht, der entgeht allem Lebensüberdruss und wird nicht aus Ekel am Tageslicht die Nacht herbeiwünschen. Man ist weder sich zur Last, noch anderen entbehrlich." *(Seneca :* "Von der Gemütsruhe") "Wenn du Muße haben willst für den Geist, so musst du arm sein oder dem Armen ähnlich. Deine Bemühungen darum können nicht erfolgreich sein ohne das Bemühen um Genügsamkeit, Genügsamkeit (autarkeia) jedoch ist freiwillige Armut." *(Seneca :* Brief an Lucilius 17,5)

"Belaste dich nicht mit viel Gepäck. Nichts von dem, was wir haben, ist notwendig. Kehren wir zurück zum Gesetz der Natur, und unser Reichtum liegt bereit. Was wir notwendig haben, ist umsonst und wohlfeil. Brot und Wasser verlangt die Natur. Daran ist niemand arm. Wer darauf seinen Bedarf einschränkt, mag mit Jupiter selbst wetteifern an Glückseligkeit." (epist. 25, 4) "Der kürzeste Weg zum Reichtum ist die Geringschätzung des Reichtums." (epist. 62,3)

Arthur Schopenhauer:
"Aphorismen zur Lebensweisheit", 1851

"Es gibt größere Ursache zu dem Glück, das aus uns selbst stammt, als aus dem, das aus den Dingen kommt." (*Metrodorus*)

"Denn was Einer für sich selbst ist, was ihn in die Einsamkeit begleitet und was Keiner ihm geben oder nehmen kann, ist offenbar für ihn wesentlicher als Alles, was er besitzen, oder auch was er in den Augen Anderer seyn mag. Ein geistreicher Mensch hat, in gänzlicher Einsamkeit, an seinen eigenen Gedanken und Phantasien vortreffliche Unterhaltung, während von einem Stumpfen die fortwährende Abwechselung von Gesellschaften, Schauspielen, Ausfahrten und Lustbarkeiten, die marternde Langeweile nicht abzuwehren vermag." (21 f.)

"Die Leere ihres Innern, das Fade ihres Be-
wußtseyns, die Armut ihres Geistes treibt sie zur
Gesellschaft, die nun aber aus eben Solchen besteht;
similis simili gaudet." (25)

"Sokrates sagte, beim Anblick zum Verkauf
ausgelegter Luxusartikel: "wie Vieles gibt es doch,
was ich nicht brauche." " (22)

"Menschen werden nicht durch Dinge er-
regt, sondern nur durch ihre Meinungen darüber."
(Epiktet : Encheiridion)

"Der geistreiche Mensch wird vor Allem
nach Schmerzlosigkeit, Ungehudeltseyn, Ruhe und
Muße streben, folglich ein stilles, bescheidenes, aber
möglichst unangefochtenes Leben suchen und demgemäß, nach einiger Bekanntschaft mit den sogenannten Menschen, die Zurückgezogenheit und, bei
großem Geist, sogar die Einsamkeit wählen. Denn je
mehr Einer an sich selbst hat, desto weniger bedarf
er von außen und desto weniger auch können die
Übrigen ihm seyn. Darum führt die Eminenz des
Geistes zur Ungeselligkeit." (35 f.)

"Was Einer dem Anderen seyn kann, hat
seine sehr engen Grenzen: am Ende bleibt doch
Jeder allein, und da kommt es darauf an, wer jetzt
allein sei." (39) "Anregung geben ihm die Werke
der Natur und der Anblick des menschlichen Trei-
bens, sodann die so verschiedenartigen Leistungen
der Hochbegabten aller Zeiten und Länder, als wel-

che eigentlich nur ihm genießbar, weil nur ihm ganz verständlich und fühlbar sind. Für ihn demnach haben Jene wirklich gelebt, an ihn haben sie sich eigentlich gewendet..." (45 f.)

"Das Glück gehört denen, die sich selbst genügen." *(Aristoteles:* Eth. Eudem. VII, 2) "Weisheit ist gut mit einem Erbgut, und hilft, daß Einer sich der Sonne freuen kann." *(Kohelet* 7,12)

"Muße ohne Wissenschaften ist der Tod und das Grab des lebenden Menschen." *(Seneca :* epistola ad Lucilium 82)

"Denn die freie Muße eines Jeden ist soviel wert, wie er selbst wert ist." (50)

"Videtur beatitudo in otio esse sita, sagt Aristoteles (Eth. Nic. X, 7)." (50) "Dem entspricht auch, daß Aristoteles (Eth. Nic. X, 7,8,9) das philosophische Leben für das glücklichste erklärt. Sogar gehört hierher, was er in der Politik (IV, 11) sagt: "seine Trefflichkeit, welcher Art sie auch sei, ungehindert üben zu können, ist das eigentliche Glück"." (50)

"Ball, Theater, Gesellschaft, Kartenspiel, Hasardspiel, Pferde, Weiber, Trinken, Reisen usw. Und doch reicht dies Alles gegen die Langeweile nicht aus, wo Mangel an geistigen Bedürfnissen die geistigen Genüsse unmöglich macht." (53)

"Als die oberste Regel aller Lebensweisheit sehe ich einen Satz an, den Aristoteles beiläufig ausgesprochen hat, in der Nikomachäischen Ethik (VII, 12): "Der Vernünftige geht auf Schmerzlosigkeit, nicht auf Genuß aus." " (131)

"Um nicht sehr unglücklich zu werden, ist das sicherste Mittel, daß man nicht verlange, sehr glücklich zu seyn." (136)

"Demgemäß wird die möglichste Einfachheit unserer Verhältnisse und sogar Einförmigkeit der Lebensweise, so lange sie nicht Langeweile erzeugt, beglücken; weil sie das Leben selbst, folglich auch die ihm wesentliche Last, am wenigsten spüren läßt : es fließt dahin, wie ein Bach, ohne Wellen und Strudel." (147)

"Ganz er selbst seyn darf Jeder nur, so lange er allein ist: wer also nicht die Einsamkeit liebt, der liebt auch nicht die Freiheit: denn nur wenn man allein ist, ist man frei. Zwang ist der unzertrennliche Gefährte jeder Gesellschaft, und jede fordert Opfer, die umso schwerer fallen, je bedeutender die eigene Individualität. Demgemäß wird Jeder in genauer Proportion zum Werte seines eigenen Selbst die Einsamkeit fliehen, ertragen, oder lieben. Denn in ihr fühlt der Jämmerliche seine ganze Jämmerlichkeit, der große Geist seine ganze Größe, kurz, Jeder sich als was er ist." (150 f.)

"Ein Hauptstudium der Jugend sollte seyn, die Einsamkeit ertragen zu lernen; weil sie eine Quelle des Glückes, der Gemütsruhe ist." (152) "Die Einsamkeit ist noth: doch sei nur nicht gemein; So kannst du überall in einer Wüste seyn." *(Angelus Silesius)*

"In diesem Sinne kann man Auch die Gesellschaft einem Feuer vergleichen, an welchem der Kluge sich in gehöriger Entfernung wärmt, nicht aber hineingreift, wie der Tor, der dann, nachdem er sich verbrannt hat, in die Kälte der Einsamkeit flieht und jammert, daß das Feuer brennt." (164)

"Es gibt drei Aristokratien: 1) die der Geburt und des Ranges, 2) die Geldaristokratie, 3) die geistige Aristokratie. Letztere ist eigentlich die vornehmste." (165)

"Alle Geister sind dem unsichtbar, der keinen hat." (186)

"Das Schicksal mischt die Karten, und wir spielen." (213)

"Alle Dinge sind herrlich zu sehn, aber schrecklich zu seyn." (226) "Man muß lange gelebt haben, um zu erkennen, wie kurz das Leben ist." (230) "Die Stunden des Knaben sind länger als die Tage des Alten." (236) "Was Einer "an sich selbst hat", kommt ihm nie mehr zugute als im Alter." (246)

"Zum Wege der Taten befähigt vorzüglich das große Herz; zu dem der Werke der große Kopf ... Der Hauptunterschied ist, daß die Taten vorübergehen, die Werke aber bleiben ... Von Alexander dem Großen lebt Name und Gedächtnis: aber Plato und Aristoteles, Homer und Horaz sind noch selbst da, leben und wirken unmittelbar." (113 f.)

"Demnach ist es ein schlechtes Kompliment, wenn man, wie heut zu Tage Mode ist, Werke dadurch zu ehren vermeint, dass man sie Taten tituliert: Denn Werke sind wesentlich höherer Art. Eine Tat ist immer nur eine Handlung auf Motiv, mithin ein Einzelnes, Vorübergehendes ... Ein großes oder schönes Werk hingegen ist ein Bleibendes, weil von allgemeiner Bedeutung, und ist der Intelligenz entsprossen, der schuldlosen, reinen, dieser Willenswelt wie ein Duft entsteigendes." (114)

Theodor Adorno empfand eine "steigende Aversion gegen jegliche Art von Praxis, in der mein Naturell und die objektive Aussichtslosigkeit von Praxis in diesem geschichtlichen Augenblick zusammenfinden mögen." (Brief an Günther Grass, 1968)

"Die große Kunst des Denkens besteht darin, Taten überflüssig zu machen." (*Fritz Diettrich*) "Daß nicht die Worte, sondern Taten zählen, wird alle freuen, die nichts zu sagen haben." *(Beat Schmid)*

"*Lathe biosas* : Lebe im Verborgenen":
"Wenn auch die Sicherheit vor den Menschen bis zu einem gewissen Grade eintritt durch eine bestimmte Macht, Störungen zu beseitigen, und durch Reichtum, so entspringt doch die reinste Sicherheit aus der Ruhe und dem Rückzug vor der Masse."
(Epikur, Lehrsatz XIV)

"Kinder aufziehen ist eine unsichere Sache; geht es gut, dann hat man davon ein Leben voll Kampf und Sorge gehabt; geht es schlecht, ist der Kummer bitterer als jeder andere." *(Demokritos:* Fragment 275)

"Mir scheint es nicht gut, Kinder zu bekommen. Denn ich sehe darin viel schwere Gefahren und viel Kummer, dagegen nur selten Gewinn, und auch dieser ist nur klein und unbedeutend." *(Demokritos :* Fragment 276)

"Demokrit lehnt Ehe und Kinderzeugung ab, weil daraus viel Unerfreuliches entspringe und man dadurch von notwendigeren Geschäften abgehalten werde." *(Clemens von Alexandria :* Vermischte Schriften II 138 = 68 Λ 170)

Francis Bacon von Verulam
(1561 – 1626):

"Wer Weib und Kinder besitzt, hat dem Schicksal Geiseln gegeben, denn sie sind Hindernisse, wo etwas Großes unternommen werden soll, entweder Gutes oder Böses. Bekanntlich sind die besten und für das Gemeinwohl verdienstvollsten Werke von ehelosen und kinderlosen Menschen ausgegangen, die sowohl mit ihrer Zuneigung wie mit ihrem Vermögen gleichsam die Allgemeinheit geehelicht und versorgt haben … : Es gibt aber auch Menschen, deren Pläne, obwohl sie unverheiratet sind, mit ihnen selbst endigen. Die Zukunft ist ihnen gleichgültig. Ja, es gibt sogar auch solche, die Weib und Kind nur als Last betrachten ... Die verbreitetste Ursache der Ehelosigkeit ist jedoch der Freiheitsdrang, zumal bei manchen ichlebigen und verschrobenen Naturen, die für jedwede Beschränkung derart empfindlich sind, daß sie fast so weit gehen, ihre Gürtel und Strumpfbänder als Stricke und Fesseln zu sehen. Die Unverheirateten sind die besten Freunde, die besten Herren, die besten Diener, aber nicht immer die besten Untertanen. Sie sind immer in der Lage durchzubrennen, wie denn fast alle Überläufer jenem Stande angehören." *(Francis Bacon :* "Essays", Kap. 8, London 1625)

Aristoteles (384 – 322 v.Chr.) :

"Sind sie mit diesen (lebensnotwendigen) Dingen zur Genüge versehen, so braucht der Gerechte immer noch Menschen, an denen und mit

denen er gerecht handeln kann, und so auch der
Besonnene und der Tapfere und alle übrigen - der
Weise dagegen kann sich der geistigen Schau hin-
geben, auch wenn er ganz für sich ist, und, je weiser
er ist, desto eindringlicher. Vielleicht gelingt es
noch besser, wenn er Freunde hat, aber gleichwohl
wäre er der Unabhängigste. Ferner gilt, daß diese
Tätigkeit des Geistes die einzige ist, die um ihrer
selbst willen geliebt wird, denn außer dem Vollzug
der geistigen Schau erwartet man von ihr nichts
weiter, während wir vom praktischen Wirken mehr
oder weniger großen Gewinn noch neben dem bloßen Handeln haben."

"Wenn nun (a) unter den hochwertigen Tätigkeiten das Handeln im öffentlichen Leben und im
Krieg durch Glanz und Größe zwar hervorragt, aber
der Muße entbehrt, nach einem (außerhalb liegen-
den) Ziel strebt, und nicht an sich wählenswert ist,
und wenn (b) andererseits gilt, daß das Tätigsein des
Geistes, als ein Akt des Schauens, durch seine ernste
Würde sich auszeichnet, nach keinem außerhalb
gelegenen Ziele strebt, ferner vollendete Lust - die
ihrerseits wieder die Tätigkeit intensiviert - we-
sensmäßig in sich schließt; und wenn (c) das Selbst-
genügsame, das Ruhevolle und, innerhalb der
menschlichen Grenzen, das Unermüdbare und alles,
was sonst noch dem Menschen auf der Höhe seines
Glücks zugeschrieben wird, an *diesem* Tätigsein in
Erscheinung tritt, so folgt, daß *dieses* Tätigsein das
vollendete Menschenglück darstellt, falls es ein

Vollmaß des Lebens andauert... " "Ist also, mit dem Menschen verglichen, der Geist etwas Göttliches, so ist auch ein Leben im Geistigen, verglichen mit dem menschlichen Leben, etwas Göttliches." "Für das Zustandekommen der sittlichen Tat sind viele (äußere) Gegebenheiten nötig und, je bedeutender und edler sie ist, desto mehr. Für das Leben des Geistes dagegen ist nichts von alledem vonnöten, jedenfalls nicht für die reine Tätigkeit, ja, man möchte sagen, dieses Äußere ist sogar ein Hindernis - jedenfalls für die reine Schau." "Wenn man aber von einem lebenden Wesen das Handeln und mehr noch das Hervorbringen wegnimmt, was bleibt dann anderes übrig als die reine Schau? So muß denn das Wirken der Gottheit, ausgezeichnet durch höchste Seligkeit, das reine Schauen sein. Und folglich hat jenes menschliche Tun, das dem Wirken der Gottheit am nächsten kommt, am meisten vom Wesen des Glücks an sich." "Wer aber ein aktives Leben des Geistes führt und den Geist pflegt, von dem darf man sagen, sein Leben sei aufs beste geordnet und er werde von den Göttern am meisten geliebt ... Daß dies aber im höchsten Grade bei dem Philosophen zu finden ist, darüber besteht kein Zweifel ... Als Liebling der Götter aber genießt er auch das höchste Glück.“

(Aristoteles : „Nikomachische Ethik“, Buch X, 7,8,9)

Theodor W. Adorno (1903 – 1969) :

"Daß Aristoteles die dianoetischen Tugenden am höchsten stellte, hatte fraglos seine ideologische Seite, die Resignation des hellenistischen Privatmanns, der der Einwirkung auf die öffentlichen Dinge aus Angst sich entziehen muß und nach Rechtfertigung dafür sucht. Aber seine Tugendlehre öffnete auch den Horizont seliger Betrachtung; selig, weil sie dem Ausüben und Erleiden von Gewalt entronnen wäre ... Das Ziel richtiger Praxis wäre ihre eigene Abschaffung."

(Theodor W. Adorno: "Marginalien zu Theorie und Praxis", In : Stichworte. Kritische Modelle 2, Frankfurt am Main 1969, Seite 178)

"Daß alle Theorie grau sei, läßt Goethe Mephistopheles dem Schüler predigen, den er an der Nase herumführt; der Satz war Ideologie schon am ersten Tag, Betrug darüber, wie wenig grün des Lebens Baum ist, den die Praktiker gepflanzt haben, und den der Teufel im gleichen Atemzug mit dem Metall Gold vergleicht... Nichts soll sein, was nicht sich anpacken laßt; nicht der Gedanke." (169 f.) "Denken ist ein Tun, Theorie eine Gestalt von Praxis; allein die Ideologie der Reinheit des Denkens täuscht darüber." (171)

"Hat die autarkische Praxis seit je manische und zwanghafte Züge, so heißt diesen gegenüber Selbstbesinnung: die Unterbrechung der blind nach außen zielenden Aktion ... Ihre Abkunft von Arbeit lastet schwer auf aller Praxis." (172) "Die meisten Aktionisten sind humorlos auf eine Weise, die nicht weniger beängstigt als der Mitlacher-Humor anderer." (173)

"Heute wird abermals die Antithese von Theorie und Praxis zur Denunziation der Theorie missbraucht ... wer sich mit Theorie beschäftige, ohne praktisch zu handeln, sei ein Verräter am Sozialismus." (173)

"Solche Theoriefeindschaft wird zur Schwäche der Praxis. Daß dieser die Theorie sich beugen soll, löst deren Wahrheitsgehalt auf und verurteilt Praxis zum Wahnhaften; das auszusprechen ist praktisch an der Zeit." (176)

"Daß einige ohne materielle Arbeit leben und, wie Nietzsches Zarathustra, ihres Geistes sich erfreuen, das ungerechte Privileg, sagt auch, daß es allen möglich sei; vollends auf einem Stand der technischen Produktivkräfte, der den allgemeinen Dispens von materieller Arbeit, ihre Reduktion auf einen Grenzwert absehbar macht." "Mit der Trennung von Theorie und Praxis erwacht Humanität; fremd ist sie jener Ungeschiedenheit, die in Wahrheit dem Primat der Praxis sich beugt. Tiere, ähnlich wie regredierende Gehirnverletzte, kennen nur Aktionsobjekte ... " (178)

"Das Falsche des heute geübten Primats der Praxis wird deutlich an dem Vorrang von Taktik über alles andere." (180) "Pseudo-Aktivität, Praxis, die sich umso wichtiger nimmt und umso emsiger gegen Theorie und Erkenntnis abdichtet, je mehr sie den Kontakt mit dem Objekt und den Sinn für Proportionen verliert, ... ist wahrhaft angepaßt an die Situation des huis clos." (181)

"Aber das unmittelbare Tun, das allemal ans Zuschlagen gemahnt, ist unvergleichlich viel näher der Unterdrückung als der Gedanke, der Atem schöpft ... Wird der Begriff fortgeworfen, so werden Züge sichtbar wie die einseitige, in Terror ausartende Solidarität." (186)

"Wäre Praxis das Kriterium der Theorie, so würde sie ... zu dem von Marx angeprangerten Schwindel ... ; richtete Praxis sich einfach nach den Anweisungen der Theorie, so verhärtete sie sich doktrinär und fälschte die Theorie obendrein." (189f.)

"Diejenige Theorie dürfte noch die meiste Hoffnung auf Verwirklichung haben, welche nicht als Anweisung auf ihre Verwirklichung gedacht ist ..." (190)

"Praxis, auf unabsehbare Zeit vertagt, ist nicht mehr die Einspruchsinstanz gegen selbstzufriedene Spekulation, sondern meist nur der Vorwand, unter dem Exekutiven den kritischen Gedanken als eitel abzuwürgen, dessen verändernde Praxis bedürfte."

(*Theodor W. Adorno* : "Negative Dialektik", Frankfurt/M. 1975, S. 15)

A. empfand eine "steigende Aversion gegen jegliche Art von Praxis, in der mein Naturell und die objektive Aussichtslosigkeit von Praxis in diesem geschichtlichen Augenblick zusammenfinden mögen." (Brief an Günther Grass, 1968)

Im 17. / 18. Jahrhundert war der "bíos theoretikós" logisch-mathematisch und rationalistisch gewesen, die Philosophie des 20. Jahrhunderts aber war eher a(ffe)ktivistisch, entweder physisch oder psychisch, aber: „Die Gedanken sind weder Dinge der Außenwelt noch Vorstellungen. Ein drittes Reich muss anerkannt werden." (*Frege*, 1918) Sir *Popper* nannte es die „dritte Welt" des Logos über oder unter der Physis und Psyche. *Carnap* entwickelte im „Wiener Kreis" einen logischen Positivismus reiner Fakten.

„Durch den ganzen logischen Apparat hindurch sprechen die physikalischen Gesetze doch von den Gegenständen der Welt." ("Tractatus", 6.3431) „Und außerhalb der Logik ist alles Zufall." (6.3) „Der Zweck der Philosophie ist die logische Klärung der Gedanken." (4.112) „Das logische Bild der Tatsachen ist der Gedanke." (3) „Der Satz kann die logische Form nicht darstellen, sie spiegelt sich in ihm." (4.121)

Der frühe *Wittgenstein* des Tractatus sah wie Carnap nur Logik der Physik oder Mystik (und Musik), der spätere nur noch gleich- berechtigte, „familienähnlich" verwandte Umgangssprachspiele, die weder sozialkritisch noch formallogisch zu verbessern wären.

Laut *Whitehead* war die (europäische) Philosophiegeschichte nur eine „Reihe von Fußnoten zu *Platon*" und Platonismus für seinen Mitarbeiter *Russell* auch ein Totalitarismus gewesen. Mathematische Ignoranten sollten keinen Zutritt zu Platons Akademie haben. Für seinen Meisterschüler *Aristoteles* war nur ein geistiges Leben göttlich, ob nun mit oder ohne die Arbeitssklaven des Aristokraten Platon.
Spinoza blieb ein Muttersöhnchen der berechneten Natur, *Descartes'* Geist trennte sich leibhaftig vom todgeweihten Leib samt allem Arbeitsmaterial, und *Leibniz* rechnete mit der Natur nur infinitesimal, wenn er auf Papier differenzierte und integrierte: Das war das rationalistische Zeitalter zwischen dem Verstehen und dem Vernehmen.

Für den Empiristen *Hume* war Leidenschaft besser als alle Vernunft und kausale Folgerichtigkeit nur dumme Angewohnheit.

Der Aufklärer *Kant* blieb selbst ein unaufgeklärter Jüngling, für dessen Verständer das Dingsbums-an-sich der Mutter Natur ewig „unerkennbar" blieb, obwohl er ihrer strahlenden Erscheinung stets mit mathematischer Berechnung zu Leibe rückte.

Hegel und *Schopenhauer* haben immerhin gemein, dass der Geist die Welt beherrscht oder wenigstens beherrschen sollte. Der Geist ist eine Flucht, für Schopenhauer aus der Realität, für Hegel in die Realisierung. Dostojewski : „Wenn Gott tot ist, ist alles erlaubt", auch griechische Knabenliebe des Übermenschen Superman : *Nietzsche* suchte dionysische Schwulität nur vor christlicher Strafe zu schützen.

Adorno gab linke Proletarier und die patriarchale Religion seiner Väter verloren, so assimiliert, wie er war. *Bloch* wollte das Arbeits- material vergeistigter als den Arbeiterkopf materiell und geistig versorgt. Seine manischen Utopien waren Kehrseiten lebenslanger Depressionen.

Existenzialist *Sartre* war bis zu stalinistischem Unrecht gegen die gutbürgerlichen Rechte(n).

1928 suchte der logische Empirist *Carnap* mit dem „Logischen Aufbau der Welt" eine mathematische Rekonstruktion der Erkenntnistheorie. Im Anwendungsteil II. seiner „Einführung in die symbolische Logik" (1961) entwickelte er formale Logikkalküle für empirische Wissenschaften in exemplarischen Modellformen. Niemand bisher verfolgte das weiter.

Basisbibliothek

Platon : Dialog „Parmenides"
Aristoteles : „Organon"
Baruch de Spinoza : „Ethik"
Gottfried W. Leibniz : „Monadologie"
Immanuel Kant : „Kritik der reinen Vernunft", I.
S. Maimon : „Neue Logik und Theorie … „
G. W. Fr. Hegel : „Wissenschaft der Logik" (I / II)
Gottlob Frege : „Begriffsschrift"
Ludwig Wittgenstein : „Tractatus"
Rudolf Carnap : „Einführg. i. d. symbolische Logik"
Willard Van Orm. Quine : „Grundzüge der Logik" (1964), „Philosophie der Logik" (1974)
Thomas Seebohm : „Philosophie der Logik" (1984)

Platonische Ideen von Leibniz zu Husserl

„Intuitionistischer Konstruktivismus" muß zumindest die „ideale Existenz" von Mengen voraussetzen, und der phänomenologische Platonismus umgekehrt muß, wo es um Objekte der mathematischen Logik geht, seine geschauten Wesenheiten ebenfalls *konstruieren*.

Auch ideale Objekte können somit „unerschöpfliche Gegenstände" sein. Man kann sich herankonstruieren an reine kategoriale *Formen an sich*, die eine *dritte Welt* ewiger platonischer Ideen bilden neben Quines Individuen und Klassen von Individuen. Es ist ja eine Metalogik denkbar, die Konstruktivismus und Universalienrealismus komplementär so verknüpft, daß *Sätze an sich* rational rekonstruierbar werden, auch wenn ihre Referenzräume nur denkmögliche (oder interpretierbare) Welten jenseits der mathematisierten Physik bilden, und die Konstrukteure immer schon unkonstruierbare Ideen voraussetzen müssen. Die Riemannsche Geometrie war ja mathematisch entwickelt worden, lange bevor Einstein sie als effiziente Beschreibung realer Weltraummodelle nutzen konnte. Die formale Logistik leistet etwas sehr Ähnliches, auch für Philosophie.

Seit Kant wissen wir, dass synthetische Urteile auch a priori gelten können, seit Saul Kripke glauben wir, dass analytische Urteile auch a posteriori sein können. Es mag Logiken geben, an die bisher noch niemand gedacht hat und die vielleicht noch interpretiert werden können in Bezug auf mögliche Welten. Der Konstruktivismus erkennt wie Kant kein Aktualunendliches an, sondern nur potentiellen progressus in infinitum. Aber die *aktual*-„unendlichfache Unentschiedenheit hinsichtlich Identität und Verschiedenheit“ in der „chaotischen Mannigfaltigkeit“ des Kontinuums bietet bei Hermann Schmitz die Möglichkeit, die Unerschöpflichkeit auch jedes Idealobjekts durch potentialunendliche Konstruktionen auszuschöpfen in immer neuen Explikationsschritten. Es ist unbestimmt, *dass* die platonische Idee unbestimmt ist, wo sie immer neu bestimmt wird. Die schlagende Evidenz idealer Fakten (zweiter Stufe) entstammt hier keiner untrüglichen Gefühlsautorität, sondern einem untrüglichen Begründungsverfahren. Was weder eindeutig beweisbar noch widerlegbar ist, ist bei Brouwer weder wahr noch nicht wahr, sondern ähnlich unentschieden wie das „chaotische Verhältnis“ bei Hermann Schmitz.

Manfred Frank („Auswege aus dem Deutschen Idealismus", Frankfurt a. M. 2007) und Hermann Schmitz („Die entfremdete Subjektivität", Bonn 1992) verstehen die frühromantische Philosophie von Schlegel und Novalis auf diametral unterschiedliche Weise. Wo Schmitz die Frühromantiker als radikalisierende Fichteaner sieht, erkennt Frank auf ihren Bruch mit den subjektiven Idealisten. Wo Schmitz nur eine allen Objekten „entfremdete Subjektivität" ausmachen kann, registriert Frank gerade im Gegenteil den Vorrang des in allen unerschöpflichen Fragmenten „unerschöpflichen Gegenstandes" und eines „unvordenklichen Seyns".
(Schelling, Hölderlin)

Schmitz kann besser die romantische Befreiung der individuellen Einbildungskraft *von* jedem beliebigen Objekt und *für* jedes beliebige Objekt erklären, Frank aber erklärt befriedigender den Fragmentcharakter der „progressiven Universalpoesie". Ganz anders als Schmitz sieht Frank das den unerschöpflichen Objekten entfremdete Subjekt nur beim Systematiker Fichte, aber gerade nicht bei den essentiellen Aphoristikern Schlegel und Novalis. Die romantische Ironie aus witzigen Teilsynthesen und allegorischen Totalitätsanspielungen relativiere jede fragmentierte Pointe durch jede andere, ohne das Absolute jedes Objekts je ganz auszuschöpfen, aber immer neu anzuzielen. Jedes objektiv „Aktualunendliche" werde potential-unendlich umspielt durch die Art, wie jede Teilsynthese das große Ganze zugleich pointiert beanspruche und verfehle, als bloß mikrokosmisches Symbolbild des Absoluten, um immer neuen Bruchstücken Platz zu machen, die sich gegenseitig hervorrufen und aufheben. Ein Endliches könne das Unendliche am Ende nur allegorisch andeuten und nicht erschöpfend ausdrücken. Das Unendliche zeige sich im Endlichen nur durch die stilistische Art, wie das Endliche sich selbst immer wieder ironisch erhebe und zugleich aufhebe. Die Art, wie Frank und Schmitz in der Beurteilung der Frühromantiker differieren, wiederholt sich in ihren Deutungen Wittgensteins.

Von den überzeitlichen platonischen Ideen ging der Denkweg über deren cartesianische Subjektivierung (zu bloßen Vorstellungen von Außenweltdingen) und über den Rationalismus eines Leibniz (*calculus ratiocinator*, Lullische *ars magna, characteristica universalis*) bis zum deutschen Idealismus der regulativen Vollständigkeitspostulate. Danach richtete Arthur Schopenhauer sein reines willenloses „Weltauge" auf weltenthobene Ideen, bevor Husserl um 1900 jede logische Geltung von ihrer psychologischen Genese abhob und einen transzendentalen Platonismus der phänomenologischen *Wesensschau* etablierte. Gottlob Frege transzendentalisierte nicht mehr logische Urteilsformen zu „kategorialen Gegenstandsformen", sondern machte den Weg frei zu den „Principia mathematica" (1912) von Russell und Whitehead, hin zu Wittgensteins „Tractatus" (1922), bis „Der logische Aufbau der Welt" (1928) von Rudolf Carnap und „Word and Objekt" (1960) seines Schülers Willard Van Quine diese heroische Gründungsphase zu einem vorläufigen Ende brachten. Wittgenstein war der einzige Logiker unter den Frühromantikern und der einzige Frühromantiker unter den Logikern, eine Art von Synthese aus Frege und Novalis. Objektive Urteile über Fakten seien nur in der mathematischen Naturwissenschaft erreichbar, alles Übrige sei bloße Sache subjektiver Poesie und unkommunizierbarer Privatsprachen. --- Das Ganze und Unbedingte sei in keinem objektiven Urteil abzubilden, sondern *zeige sich* nur indirekt in der Art, wie es von jeder Aussageform angezielt und verfehlt werde, in der Art, wie über die Sprache der Physik vergeblich metaphys(ikal)isch zu sprechen versucht werde.

Über alles könne man intersubjektiv objektiv sprechen, nur nicht über das sprechende Subjekt und seine Sprache selbst. Wittgenstein spricht über Gott und die Welt und die Seele, weil sie keine naturwissenschaftlichen Objekte sind, nur indirekt, durch die individuelle Art, in der er über objektive Fakten spricht. Metaphysische Ideen seien ja keine physikalischen Objekte, sondern nur metaphorisch anspielbar. Das Subjekt offenbare sich da lediglich indirekt durch die Art, wie es sich beredt verschweigen müsse, um hinter seinen objektivistischen Logikkalkülen und Physiktheorien zugleich diskret und demonstrativ zu verschwinden. In unabschließbar vielen und unauslotbaren Fragmenten werden weder nur das Heilige noch das Subjekt oder alle Objekte seiner Welt expliziert, sondern das absolute Ganze aus allen dreien. Philosophische Begrifflichkeit und literarische Rhetorik gehen dafür wie bei den Frühromantikern auch bei Wittgenstein eine enge Verbindung ein. (Gegen Wittgenstein nun wendet H. Schmitz ein, daß jedes Subjekt auch fähig sein müsse, über subjektive Fakten zu kommunizieren, ohne sie zu objektivieren.)

War also die Frühromantik mit Schmitz ein subjektivistischer Konstruktivismus à la Fichte oder mit Frank ein hypothetischer Realismus unauflösbarer Ideen an sich? Vielleicht ließen sich beide Deutungsmuster verbinden und die *„entfremdete Subjektivität"* (H. Schmitz) der frühromantischen Ironie stünde im Dienst von immer neuen witzigen Teilsynthesen, die das undarstellbare Ganze (jeder Einzelheit und aller Einzelheiten zusammen) wenigstens in allegorischen Bildern andeutend umspielen und immer unzureichend anzielen.

Wenn wir gegen Quines Intention die enge Bindung von formaler Logik und mathematischer Physik etwas lockern, wird die Entwicklung alternativer Logiken und ihrer möglichen Interpretation durch mögliche Welten frei. Logikkalküle, die noch nicht oder überhaupt nicht sinnvoll interpretierbar sind, könnten auf Vorrat ausgearbeitet werden, auch wenn sich keine empirischen Modelle finden ließen. Und Mathematiker sind nicht unzufrieden, wenn sich möglichst große Teile ihrer Theorien zusätzlich als konstruktivistisch beweisbar erweisen sollten, soweit die reale Stellung des Subjekts zu den Idealobjekten sich eben logisch ausdrücklich (oder nur literarisch indirekt wie bei Wittgenstein) thematisieren ließe. Eine platonische Akademie des 21. Jahrhunderts könnte *Glasperlenspiele* (Hermann Hesse, 1943) noch uninterpretierter Logikkalküle anregen und fördern – samt ihrer frühromantisch potenzierten Selbstreflexionen. Novalis schrieb : „Echte Mathematik ist das eigentliche Element des Magiers." „Aller Genuß ist musikalisch, also mathematisch." „Höheres Leben ist Mathematik."

Animal rationale : Der Mensch ist jenes Lebewesen, das sich nach den Formen seines Denkens selber formt und nach Denkgesetzen selber setzt. Er bringt sich in Form – durch Urteile und Schlüsse, die Subjekt und Prädikat, Substanz und Akzidenz, Einzelwesen und Wesenheit beurteilen und wieder zusammenschließen zum Begriff von der Sache selbst. Jedes Individuum ist erst einmal ein wirrer Simpel, der sich mit Hilfe seiner Komplexe aus dem unterkomplexen Rohzustand herausdifferenziert, um differenzierten Sachverhalten seiner Umwelt gerecht zu werden und sich dann durch Abstraktion-von-allem wiederum in seine einzelne Einheit zusammenschließt. Im Idealen suchen wir durch komplexe Analoga dem gerecht zu werden, was uns im Realen als verworren verwirrt. Wer sukzessive oder in einem Schlag von allem abstrahiert, sieht sich selbst als allgemeinsten Begriff von allen Dingen, als deren einzige Punktualeinheit: *anima est quodammodo omnia* (Aristoteles). Der Mensch ist der Inhalt, der in Form gebracht wird, wenn er nicht selber Form annimmt, die Form von Urteilen annimmt, unter deren Formeln er sich subsumiert. Er formt sich nach dem logischen Bilde möglicher Tatsachen, die seine Welt bilden, und füllt die logischen Urteilsformen mit dem konkreten Material seines Lebens.

Formale Logik stellt die Formen der Gedanken bereit, die den Sinn der Sätze spiegeln. Man bringt sich in Sicherheit vor dem Toben der Geschichte, vor dem Fließen der Zeit in zeitlosen Geisteskristallen. Die logische Ekstase führt auf platonische Ideen. Die existenzphilosophische Terminologie kann dabei partiell hilfreich sein : Der Mensch transzendiert sich selbst, aber nicht in die Zukunft hinein, sondern zu den Ideen hinauf. Der Sinn des Lebens besteht darin, sich selbst ins Übersinnliche zu überschreiten, das Zeitliche übersteigt sich ins Zeitlose. Ich existiere mir selbst voraus nur insofern, als ich versuche, künftig über mich hinaus zu gehen: Morgen werde ich tiefer denken als gestern und auf mich herabsehen. Ich bin mir voraus, indem ich mich übersteige in logische Form, die sich *instantiiert* durch wechselnde *tokens*, das ewige Urbild durch flüchtige Abbilder. Das Wörterbuch wechselt mit jeder Wissenschaft, die Grammatik bleibt in jeder Wissenschaft. „Leere“ Aussageformen, reine Anschauungs-, Denk- und Gegenstandsformen:

„Formale Logik" wahrt die Form, wenn auch alles übrige wankt und vergeht. Und laut Quine ist Sein nur der „Wert einer Variablen". Reine allgemeine Form bedeutet Freiheit *von* allem und *zu* allem konkreten Inhalt; der Komplexitätsgrad der Formelkonstellationen geht den spezifischen Differenzen des Empirischen bis ins Infinitesimale nach. Nirgendwo sonst ist solcher menschenmöglichste Grad an exakter Gewissheit und sicherer Präzision erreichbar. Meine Weisheit erweist sich als die von Beweisen, ich beschließe, nicht mehr wert zu sein als die Schlüsse, die ich ziehe, und die Ideen, die ich zu denken und zu entwickeln vermag und deren Wert auf mich abstrahlt und übergeht.

Wahre Pragmatiker und Praktiker

Um 300 vor Christus, *Euklid* gab Unterricht. Nachdem ein junger Mann den ersten Lehrsatz der Geometrie verstanden hatte, fragte er den Lehrer: „Was nützt mir nun diese Wissenschaft?"
Euklid rief einen Sklaven und forderte ihn auf: „Gib dem jungen Mann eine Münze, denn er möchte von seinen Wissenschaften einen Nutzen haben."

Gemessen am antiken Denken, verzeichnete die Philosophie des 20. Jahrhunderts wenigstens theoretisch ein gewisses Übermaß an „Praxisbezug". In gelehrten Abhandlungen wurde bevorzugt behandelt, was sich sozial verhandeln ließ, und die „praktische Relevanz" ersetzte weithin eine gut begründbare Aussagenwahrheit. Nützliche Taten und Untaten verkleideten plötzlich die nackten Tatsachen.

Drei Strömungen beherrschten das Jahrhundert. Das *analytische* Denken der angelsächsischen Welt sprach über Wirklichkeit, indem es über wirksamen *Sprachgebrauch* sprach, um performativ etwas Brauchbareres auszurichten. Die *phänomenologische* Methode hatte großen Erfolg nicht als rati-

onale, sondern in „existenzialer" Form. Husserl
erschaute noch Wesentliches, Sartre erfand sich sein
Wesen, und die angenommene Vernunft war ersetzt
durch geplante Zukunft, also Einsicht durch Absich-
ten, Gedanken durch Gefühle, ein wahrer Satz durch
wahren „Einsatz", abstraktes Wissen durch konkreten Willen und blutarmes Lesen durch blutiges Leben. Das *dialektische* Denken schließlich geriet oft
nur recht subjektivistisch, wo es wie bei Hegel ídea-
listisch daherkam, oder aktivistisch, wo es materia-
listisch wurde wie bei Marx, der Feuerbachs „sinn-
liches Anschauen" der Materie überbot durch sinn-
volles Einhandeln von Materiellem. Die Natur, das
„ganz Andere", wird nicht mehr objektiv erforscht,
sondern forsch verändert, bis sie nicht mehr anders
ist als der Verändernde. Einmal ist Natur ein bloßer
Rohstoff für Geist, dann für Fabriken, und erst wurde sie nur immer betrachtet, nun wird sie nur noch
beherrscht.

Das analytische Denken lief immer mehr
hinaus auf pragmatischen Nutzen. Gutes Wissen
weiß, wozu es gut ist, gut also nicht nur zu wissen.
Habermas unterwarf das objektive Erkenntnisstre-
ben (inter-)subjektiven „Erkenntnisinteressen".
Forschung wurde inzwischen zu teuer, um nicht
motiviert zu sein vom Ziel sozialpraktischer Erfolge.
Husserls sachgerechte „Intentionalität" verkehrte

sich zunehmend in zweckgerichtete Intentionen. Der Neophänomenologe Schmitz etwa stellte *affektives Ergriffensein* über objektives Begreifen der Objekte und subjektives Betroffensein von gutdurchbluteten Gefühlen über jedes nur objektive Zutreffen von blutarmen Aussagen. Der Marxist Sartre setzte existenzielle Wahrhaftigkeit über objektive Wahrheiten und aufrichtige Handlungen weit über sachgerechte Abhandlungen.

Tätigkeiten waren keine Mittel mehr, um Theorien zu entwickeln, sondern Theorien umgekehrt wurden Instrumente, um große Untaten vollbringen zu können. Realitäten wurden nur noch konzeptualisiert, um diese Konzepte zu realisieren. Wissen sollte nun allen menschlichen Bedürfnissen dienen – außer dem bloßen Urbedürfnis nach Wissen. Erkenntnis um ihrer selbst willen, Wissen als Selbstzweck, gilt bis heute als verpönt und widersinnig, als sinnlose Verschwendung von Ressourcen und von Kapazitäten; Selbstzweck klingt wie ein Selbstwiderspruch. Verantwortungslos wirkt schon Forschung, die gar keine Antworten sucht auf die „drängenden Fragen der Zeit". Sprachanalytische Pragmatisten wie neomarxistische Sozialpraktiker haben eins gemeinsam, sie wollen schwere Probleme nur lösen, um das Leben zu erleichtern. Der

Verstand stellt sich in den Dienst des Wohlstands und hat in seinem Gegenstand nur noch den Widerstand dagegen. Das Können wurde zum Zweck des Kennens, statt dass das Wissen der Zweck des Willens ist. Es wird Zeit, dass die Prioritäten wieder angemessenere Proportionen finden : Das theoretische Leben war einmal und sollte wieder werden der Zweck jeder Praxis und nicht das aktive Leben der Zweck jeder kontemplativen Passion. Das stille Betrachten der Dinge sei das Ziel jedes ruhelosen Trachtens nach ihnen und nicht umgekehrt, aber die Wissenschaften sind heute Machenschaften, die alle Bedürfnisse befriedigen wollen und sollen – bloß nicht das Bedürfnis nach bloßem Wissen. Man soll immer an seine unreinen Genüsse denken, aber kein reines Denken genießen.

„Der Pragmatismus dreht sich um die menschlichen Bedürfnisse, und eines der vorrangigsten Bedürfnisse des Menschen besteht darin kein bloßer Pragmatiker zu sein."
(Gilbert Keith Chesterton)

„In einer ehrwürdigen Universität müßte die bloße Erwähnung eines zeitgenössischen Problems verboten sein." *(Nicolas Gomez Dávila)*

Mathematik ist heute gerechtfertigt als Werkzeug der Naturwissenschaften, Physik als Werkzeug der Technik, Technik als Instrument der

Industrie und Industrie als Mittel des Massenkonsums – Konsum aber nun nicht als historisch erstmalige und einmalige Möglichkeit, z. B. reine Mathematik nicht nur lebenslänglich studieren zu müssen, sondern ungestört lebenslang studieren zu dürfen, ohne damit Geld verdienen zu wollen. Wer würde denn heute freiwillig Mathematik treiben, wenn sie nicht zufällig notwendig wäre für den technisch-industriellen Fortschritt, aber wer nutzt die Segnungen der industriellen Füllhörner, nicht länger fleißig im Acker wühlen zu müssen, sondern endlich unanwendbare Mathematik treiben zu können? Man sollte nicht ein wenig Mathematik studieren, um viel Geld verdienen zu dürfen, sondern ein wenig Geld verdienen müssen, um viel brotlose Mathematik treiben zu können. Um folgerichtig denken zu können, muß man zum Glück keine mathematische Logik beherrschen, sondern viel folgerichtig nachgedacht haben, um sie am Ende entwickeln zu können, und das wäre ja zu tun. Hegel sprach von Gottes Gedanken *vor* der Schöpfung, von „diamantenen Netzen" der Logik.

Die zeitgenössischen Lebensideale gelten als so selbstverständlich, dass man schon ganze Jahrhunderte zurückdenken muß, um ihrer zuweilen grotesken Befremdlichkeit überhaupt ansichtig und inne zu werden. Alle Formen dessen, was vor Zeiten einmal *höheres Leben* geheißen hatte, sind nun gründlich desavouiert und diskreditiert. Der Kanadier Charles Taylor zeigte in seinem letzten großen Werk „Ein säkulares Zeitalter", dass die früher bewunderten Höchstleistungen einer aristokratischen Kriegerehre, einer mönchischen Ordensaskese und der gelehrten Elfenbeinturmklausur seit langem als so entwertet lächerlich dastehen, wie auf frühere Zeiten unsere Idole der Extremsportler, Medienstars, Topmanager, Jetset-Playboys und auch dezentralen Teamwork-Netzwerker gewirkt hätten. Normalverbraucher halten sich im gesetzlichen Rahmen von Produktion und Reproduktion, von verwissenschaftlichtem Arbeitsleben und atheistischem Familienleben. Man zeugt Kinder und erzeugt Waren – oder sorgt dafür, dass beides läuft. Auch Forscher haben hochdotierte Industrieposten oder sind staatsbeamtete Experten, und selbst Künstler wurden subventionierte Konventionsbekämpfer, polyzentrisch prozessural dynamisierte Nutztierchen.

Nach P. Feierabend legt sich der Zeitgenosse kulturelle Sahnehäubchen auf seinen Komfort. Kino und Fernsehen zwischen Fußball und Opernball, zwischen Shoppen und Poppen, Krimiserien und Horrorthriller, Theater und Museen, Gemäldegalerien und Musikkonzerte ergänzen sinnreich Joggen und Yoga, Fitnesscenter und Fotosafaris,

Eventpakete im Abenteuerurlaub, Wellnessparks und Schönheitsfarmen. Alles wird im Konsumdiscount feilgeboten, und alles vielfältig Bunte hat die eine graue Farbe gemeinsam : Es ist eine einzige Flucht vor dem einzigen, was doch nottäte, nämlich einsame Dauerversenkung in eine materiell unvergütete Materie, um auf einem geistigen Feld ein echter Spezialist zu werden, ein Meister in einer entlegenen Disziplin der Künste und Wissenschaften. Diese stehen umso niedriger, je näher sie der Lebenswelt gewitzter Zeitgenossen kommen, und haben eine innere Hierarchie, die nicht mehr erkannt und anerkannt zu werden pflegt und gerade deshalb entscheidend ist. *Historiker, Soziologen und Psychologen* z. B. fischen im Trüben von traurigen Wissenschaften über trostlose Gegenstände, obwohl und weil sie unser Alltagsleben dort erfassen, wo es am lautesten und bewegtesten ist, bei Recht und Moral, in Volkswirtschaft und Gastwirtschaften. *Physiker, Chemiker und Biologen* z. B. entfernen sich schon merklich aus allgemeinmenschelnden Sphären und betreten außermenschliche bis außerirdische Zonen der Flora und Fauna, der Steine und Sterne. Eisig, stolz und filigran kristallin wird es aber erst auf den abstrakten und formalen Höhen, dort, wo purer Geist es nur noch mit sich selbst zu tun hat, menschlicher Verstand mit außermenschlichem Intellekt, so auf den Gebieten der reinen Mathematik, Geometrie und formalen Logik. Hier verlassen wir den Sektor der konkreten Anwendungen, der praktischen Realisierbarkeiten und aller Kosten-Nutzen-Rechnungen, also unsere brutwarmen Mittelbereiche zwischen Elementarteilchen und Galaxien, die auf andere Weise unmenschlich sind als die blutenden oder blutrünstigen Objekte der vergleichsweise weichen Kultur- und Humanwissenschaften.

„Insofern sich die Sätze der Mathematik auf die Wirklichkeit beziehen, sind sie nicht sicher, und insofern sie sicher sind, beziehen sie sich nicht auf die Wirklichkeit." (*Albert Einstein*: „Mein Weltbild", Berlin 1955, S. 119f.) „Es geht nicht um Wahrheit, sondern um Sicherheit."
(David Hilbert, 1925)

Der europäische Rationalismus, der sich gnostisch über Leib und Weib, Geld und Welt erhob, hatte seinen ersten Höhepunkt beim pythagoräischen Homoerotiker Platon, der geometrische Idealfiguren im Logos und im Kosmos zugleich sah. Pascal teilte seinen *esprit de géometrie* noch mit einem *esprit de finesse*, während der rationalistische Konstruktivismus des 17. Jahrhunderts triumphierte in der Analytischen Geometrie des Descartes, in Spinozas „Ethica more geometrico" und im Infinite-

simalkalkül wie in der *mathesis universalis* eines
Leibniz. Kant vereinte dann den spontan integrierenden Verstand (Leibniz) und die differenzierende
Sinnlichkeit (Hume) zur (natur)wissenschaftlichen
Erkenntnis. Die notwendigen Antinomien in Kants
„transzendentaler Dialektik" machte nun Hegel zum
Widerspruchsgeist seines Systems, das Gedanken
panlogisch über Gefühle erhob und sittlich Allgemeines über sinnlich Konkretes (obwohl dieser Logos eher psychologisch als kosmologisch war). Sein
Gegner Schopenhauer sah sich als ein kontemplativ
willensfreies „Weltauge" über allem Welttreiben,
indem er in platonischen Ideen der Geometrie die
ästhetischen Ideen der Kunst sah. Der phänomenologische Mathematiker E. Husserl befreite die apriorische Logik wieder von aller Psychologie und richtete seine platonische *Wesensschau* intentional auf
den rationalen Logos der Welt. Whitehead mit seinen leibnizianischen „Fußnoten zu Plato" und der
Cambridge Platonist Russell begründeten den logischen Positivismus, der in Wittgensteins logischem
Atomismus und in Carnaps logistisch-physikalistischen Axiomensystemen gipfelte, während dessen
Schüler Van Quine die Logik eher pragmatisch (à la
Peirce) als platonisch (à la Whitehead) nahm und sie
de-apriorisierte zum bloß „härtesten Kern" jedes
fallibel zu formulierenden Naturgesetzes.

Dieser „Intellektualkultur" entsprach auch der singularistische Nominalist und Empirist seit Locke/ Hume und der sensualistische Basisprotokollsatz der Neopositivisten bis zu den *Kritischen Rationalisten* Popper und Albert.

An Gegenprojekten hatte das 19. Jahrhundert nur die voluntaristischen Supersubjektivisten Fichte, Hegel, Schopenhauer, Nietzsche und das 20. Jahrhundert nach den Lebensphilosophen Dilthey, Bergson, Simmel die Existenzphilosophen Jaspers, Heidegger, Sartre oder die Neomarxisten Bloch, Adorno, Habermas etc. (Noch Niklas Luhmanns Systemtheorie ist eine soziale *mathesis universalis* ohne spezielle Mathematik.) Das rationalistische Apriori lag aber nicht nur in Kants syllogistischen Urteilformen oder dann in logisch-mathematischen Kunstsprachen, sondern auch in den *Sprechakten* der (meist angelsächsischen) Umgangssprache. (Das mittelalterliche Christentum war übrigens nicht dem geometrischen Junggesellen Plato gefolgt, sondern seit Thomas von Aquin dem erfahrenen Familienvater Aristoteles.)

Die ionischen Hylozoisten seit Thales und die Atomisten (Demokrit, Epikur, Lukrez) wie später der Mediziner Paracelsus (Sulphur, Merkur, Sal) waren frühe mythologisierende Naturphilosophen,

bevor die neuzeitlichen Naturwissenschaftsphiloso-
phen kamen wie Bacon, Galilei, Leibniz, Kant ...
Carnap, Quine. Der Idealist Schelling entwarf eine
romantische Naturpotenzenphilosophie von männ-
lichem Licht und weiblichem Gewicht (Gravitation
der Gravidität). In seiner „Kritik der Urteilskraft"
sah Kant den Sinn für Naturschönes als Zeichen
moralischer Qualität wie später der Quietist Schopenhauer, der in der Natur platonische Ideen objek-
tiviert fand für das kontemplative „Weltauge" über
allem Menschentreiben. Auch Adorno rehabilitierte
gegen Hegels idealistischen Klassizismus das Natur-
schöne, während er das gefällig Kunstschöne als
konformistisch abtat. Sein Antipode Heidegger entwarf in Spätwerken ein Denken der gewachsenen
und unproduzierbaren „Physis" als „Aufgehen ins
Offene". Mater-ialisten wie E. Bloch und spätere
Ökonaturalisten dürfen hier übergangen werden.
Naturatmosphärische Feinheiten brachte der „kos-
mogonische" Eros von Ludwig Klages in eine sen-
sualistisch ausgetrocknete Philosophie. Im 20. Jahrhundert haben allein die Phänomenologin Hedwig
Conrad-Martius eine große Naturmetaphysik und
Martin Seel eine gute Naturästhetik vorgelegt.

Die Mathematik und Naturwissenschaft sind
spätestens seit Descartes und dem Infinitesimalkal-
kül von Newton und Leibniz eine seither für prakti-

sche Fortschritte äußerst fruchtbare Verbindung eingegangen. Löst man aber gut antik die mathematische Physik wieder auf in ihre Bestandteile mathematische Logik und kontemplative Naturpoesie, ergeben sich die beiden Hauptstränge idyllischer Weltbetrachtung noch vor aller (oder nach aller) lebenspraktischen Weltveränderung. Die altgriechischen Philosophiedisziplinen Logik, Physik und Ethik wären heute fortsetzbar als moralistische Zeitsatiren, quiet-magische Naturbukolik und „kulturidyllische" Logistik. Historisch denken heißt auch, zeitgenössische Lebensideale mit den Augen sowohl vergangener als auch künftiger Epochen sehen und relativieren zu können. Diese objektivierende Perspektive distanziert das allzu aufdringlich Aktuelle und immunisiert gegen den zeitgeistigen Konformitätsdruck. Künftige Generationen werden unserer spotten, wie wir ja früherer Epochen spotten, aber wären wir über ihren Spott erhaben? Die finstere Vergangenheit, die wir verachten, wie sie uns verachtet hätte, kannte nicht uns, die wir auch nicht die lichtere Zukunft kennen. Das antike Ideal seliger Schau und unseliger Arbeit erklärt sich nicht nur aus technischem Unvermögen. Asketische Selbstbeherrschung wird überflüssig in Epochen technischer Naturbeherrschung, aber das theoretische Leben bleibt eine ewige Utopie.

Denken, nein danke?

Wer nicht nachdenken will,
kann sich ja immer noch „Vordenker" nennen.

Auch ich denke nach — anderen.

Wer nicht denken kann, muss wenigstens handeln.

Schädel? — Denkanstoßdämpfer.

Auch Irrationalisten denken,
aber viel zu hoch von ihren tiefen Gefühlen.

Überall nur Nützlichkeitsdenken!
Warum dann nie den Kopf benutzen?

Handeln ist Denken, dass Hände denken.

Der Mensch hat wenigstens Phantasie genug,
sich phantasiebegabte Wesen auszudenken.

Einst waren Gedanken von Gefühlen abhängig,
heute nur noch Gefühllosigkeit, die sich für Nach-
denklichkeit ausgibt, von Gedankenlosigkeit,
die sich für Gefühlsleben hält.

Descartes? Wer weniger denkt, als er ist,
ist noch nicht mehr, als er denkt.

Sapere aude : „Wage, selbst zu denken",
z. B. dass du Einstein oder Napoleon bist.

Wer das Denken verteufelt,
will nur nicht an die Hölle denken.

Aufklärung heißt, (an sich) selbst zu denken.

Der Einzelne denkt allgemeingültig und in Gemein-
schaft wie ein Idiot. Heute liegt alles an der Gesellschaft — wie Frischlinge an der Muttersau.

An sich denkt jeder : Er macht sich Gedanken über
die Gedanken, die andere sich nie über ihn machen.

Wer denken kann, lässt es lieber.

Ein Denkmal allen Denkmalsschändern!?

Ich denke dein, also minn ich dich. Ich denke dein,
also bin ich dein. Ich verzweifle, also bin ich noch,
und ich gedenke, also bin ich gewesen. –
Cogito, ergo Bumm!

Ein zweifelhaftes Individuum, das nachdenkt,
ist eine Dreifachbegabung.

Wir denken, wie wir lieben:
selten zu oft und oft zu selten.

Die Gedanken sind frei. Das ist der Beweis,
dass niemand denkt.

Handeln ist ja nicht doppelt so viel wert wie Denken,
weil der Mensch halb so viele Köpfe wie Hände hat.

Der Mensch denkt sich aus, Gott lenkt ein.

Denken heißt, sich selbst in den Arm zu fallen,
um nicht sich und anderen in die Hände zu fallen.

Wer nur an seinen Kopf denkt,
muss nicht der Klügste sein.

Gehirntumor ist, wenn man trotzdem denkt.

Denken fällt so schwer, weil es das Leben
erleichtert, und wer Wahrheit sucht, ist kein Utopist,
sondern eine Utopie.

Ich denke, dass ich bin, also bin ich, was ich
denke, und ich denke, ich bin, also bin ich, der
das denkt — dachte Descartes bestimmt nicht.

Manchem sind schon tiefe Gedanken viel zu hoch.

Zensur? Gedankenflugsicherheitsdienst.

Wem abstrakte Gedanken zu hoch sind,
dem sind konkrete Ideen auch zu tief oder zu niedrig.

Sicher herrscht jetzt der Kultus der Gefühle nur,
damit Gedanken wieder einen sündhaften Genuss
bereiten.

Unterhaltung heißt,
mal auf andere Gedankenlosigkeiten zu kommen.

In der Geschichte geschieht nichts,
nur im Himmel und in Gedanken.

Bildungsreisen sind Gedankenflüge der Dummköpfe.

Es gab immer mehr Gedankenleser als Gedanken.

Gefühle sind die häufigste Form der Flucht
vor Handlungen und Gedanken.

Pater semper incertus:
Der Gedanke ist selten der Vater eines Wunsches.

Der eine schützt sein Gehirn vor Gedanken
und ein anderer mit Gedanken.

Lebensweisheit ist ein Gedankengang nach Canossa.

Mancher hat nur den einen Gedanken,
er habe einen Kopf am Hals.

Macht einer sich mal Sorgen, heißt es gleich,
er mache sich Gedanken.

Sehen deine Gedanken dir ähnlich,
aber du nicht ihnen, bist du ein Idealist.

Nur mühseligstes Schuften erspart freies Denken.

„Es ist alles ganz anders, als man denkt“, denke ich.
(Also ist alles wirklich so, wie ich denke?)

Das Denken kommt zum Stillstand bei Dummheit
wie bei Erkenntnis.

Lebst du, wie du denkst, oder denkst du nur so,
wie du lebst?

Das Sein kann nicht denken, das Denken aber sein.

Kopf : Seh-, Steh-, Bank-, Denkvermögensverwalter

Was alle denken, ist ebenso irre wie das,
was nur einer denkt.

Man erlebt wenig von dem, was man sich erdenkt,
und durchdenkt noch weniger, was man durchlebt.
Die Gedanken sind frei – denkt der Kopf.

Mach dir Gedanken, dass dein Denken nachlässt,
nicht dein Gedächtnis.

Es gibt zu denken, dass man lieber Denkzettel
verpasst als nachdenkt.

Der Mensch denkt, der Unmensch lenkt.

Eigene Erfahrungen wollen sich das Denken sparen.

Lichtlein? Und wenn du denkst, es geht ja noch,
dann fällst du in das nächste Loch.

Wer nicht viel denkt, lebt weniger als einer,
der nichts als denkt.

Ich denke mir nix dabei, *also bin ich* dabei.
Ich denke nach, also bin ich hinten.
Ich denk nicht dran, also bin ich dran.

Die Welt könnte es gar nicht geben,
wäre sie so, wie wir denken.

Descartes : Ich denke nach, also bin ich vorn.
Ich denke an Gedanken, *also bin ich* am denken.

Bist du noch aktiv, oder denkst du schon nach?

Denken beginnt, wo 1 = 1
miss- und unverständlich wird.

Denken heißt sein Gedächtnis verstehen.

Mein Hirn denkt, also bin nicht ich.

Ein Hirn denkt, also ist es ein Hirn – denkt es.

Denke nach als Greis, dann handle als Kind!

Wer das Denken vergisst, war immer dement.

Um zu denken, genügt es nicht, nichts zu tun.

Man guckt nur dumm aus der Gehirnwäsche.

Ein Nichts, in dem solche Welten stecken, muss sich
erst einmal jemand in sieben Tagen ausdenken.

Ich denke, also lenke ich nicht.

Arkadien denke man sich nicht in Hellas,
sondern im Denken selbst.

Mancher Kopf hindert mehr am Denken
als am Köpfen.

Es wähnt nur, wer wie alle denkt
oder wie keiner.

Am schwersten ist denken, wenn man es kann.

Ist Kopfschütteln wirkliches Denken?

Ich will nicht so tief denken können wie Platon.
Ich habe höhere Ambitionen.

Maler drücken ihre Gedanken aus – Farbtuben.
Jeder denkt sich sein Teil, aber will das Ganze.

Leibesertüchtigung war immer die leichteste Art,
an Denksport hochgerühmt vorbeizukommen.

Leben ist der kurze Weg von Gedankenlosigkeit
zu Gedächtnisschwund.

Aufrechter Müßiggang und Gedankengang tut mehr
als aufrichtiger Kriech- und Kirchgang.

Mir fallen ganze Gedankengebäude ein,
und die Trümmerstücke liegen hier herum.

Der Geistesblitz schlägt ins Gedankengebäude
und zertrümmert es zu vielen Aphorismen.

Die Tragödie der Geschichte ist die Komödie
der Gedanken – und umgekehrt.

Die Gedanken gehen dem Kopf meist eher aus
als die Haare.

Ich kann etwas denken, da es da ist,
und es ist da, da Gott es gedacht hat.

Wer alle übertrifft, die ihn übertrumpfen, denkt.

Wem reicht sein Bankvermögen so
wie sein Denkvermögen?

Ein Gehirn windet sich, wenn es nachdenken soll.

Wer nie nachdenkt, will auch mal
auf andere Gedankenlosigkeiten kommen

Du denkst, was andere nur tun.

Was du dir ausdenkst, denkst du ins Aus.

Man macht sich ständig Gedanken,
ohne mal nachzudenken.

Der *Homo erectus sapiens* zeichnet sich durch
aufrechten Wolf- und Gedankengang aus.

Logisch gelogen?

Die meisten verstehen alles außer der Logik
und gar nichts außer zu handeln.

Logik der Liebe. Ich bin du. Du bist ich.
Also bin ich doch ich selbst.

Vor Aphorismen sind Logik und -logien
nur Logorrhoe.

Psychologik. Ich liebe dich, du liebst mich,
also liebe ich mich selbst. − Ich bin nicht du.
Du bist nicht ich. Also bin ich nicht ich, sondern du.

Logisch gelogen? Logik ist besser als nichts.
Nichts ist besser als Erfahrung.
Also ist Logik besser als Erfahrung.

Moderne Gespräche sind di-alogisch.

Psychologische Entschlüsse verschließen sich gern
logischen Schlüssen.

Nach Freiheit ruft, wer widerspruchsfreien
logischen Gesetzen zwanghaft widerspricht.
(Zwänge erzwingt, wer Triebe befreit.)

Geht dir auf, warum und wozu logische
Gleichungen mal aufgehen?

Die Seele ist unsterblich, wo sie Geist hat
und ewig gültige Logik versteht.

Die Logik ist ein Wahrheitsknigge, wie der Kopf
im Leben vorankommt, indem er konsequent
nur die Formen wahrt.

Die Logik ist noch analog, Analogie schon digital.

Sind Logiker Naturwissenschaftler des Geistes
oder Geisteswissenschaftler der Natur?

Logik ist die Kunst, schwere Dinge
wie luftige Ideen zu behandeln u. u.

Dass es eine bezwingende Logik gibt,
ist nicht logisch zwingend.

In der Logik vertreten notwendige Widersprüche
den möglichen Widerstand von Wirklichkeit.

In der Logik gibt es friedliche Befriedigung für die
meisten um den Preis von Leere und Langeweile.

Todesangst flieht gern in zeitlose Logik,
das verknöcherte Skelett des Denkens.

Logik macht niemanden konsequenter,
Ethik nicht besser, Physik nicht natürlicher,
Biologie nicht lebendiger, Theologie nicht frommer,
Ästhetik nicht schöner und kreativer.

Wittgenstein : Lyrik, Ethik, Musik und Mystik
der mathematischen Logik.

Dass menschlicher Wille frei ist, folgt logisch
konsequent und in vollem Determinismus
aus der Wurde der gottgeschaffenen Seele.

Dialektische Logik : (3 * 0) = (0 * 0)
Beide Seiten der Gleichung durch 0 dividiert
ergibt : 3 = 0 (q. e. d.)

Vereint Logik, was in Mystik eins
und in Physik entzweit ist?

Junge treiben Logik, um erwachsen zu werden,
der Alte treibt Lyrik, um jünger zu wirken.

Logische Formen sind stets modern,
weibliche vermodern modisch.

Logische Konsequenz muss zu realer Kausalität
werden − oder umgekehrt.

Als Evolutionsprodukte erkennen wir von der Welt nur,
was unserer Selbsterhaltung frommt –
außer ihrer Logik.

Die einzige menschenmögliche Perfektion
der Welt gibt es in mathematischer Logik,
deren Grundlagen selbst Paradoxien sind.

Mathematik, angewandt auf Natur, ist Physik,
angewandt auf Sprache, ist Logik, und
angewandt auf Ethik ist wertfrei oder wertlos.
Ist Ethik nur angewandte Theologik?

Ist es unlogisch, dass laut *Gödel* nicht alle
logischen Gesetze logisch beweisbar sind?

Warum ist Logik notwendiger als die Welt,
die ja auch immer ganz anders sein könnte?

Logik ist die Moral des Wissens
und Moral die Logik des Willens.

Inkonsequenz : die Tatkraft der reinen Logiker.

Logik ist in Wahrheit überall,
also in Wirklichkeit nirgends.

Logik, Lyrik und Musik sind eins: Sie haben
keine realen Objekte und nichts zu sagen.

Berechnende Logik menschlicher Beziehungen
ist nicht Psychologie mathematischer Relationen.

Wissenschaft, (str)enger als Lebenserfahrung
und laxer als Logik, ist weder Witz noch Weisheit.

Sah *Kant* Raum und Zeit an statt Körper darin
und die Logik jede Physik fundieren?

Nicht alles, was gegen Widersprüche spricht, ist
schon logisch, doch was für Widersprüche spricht,
noch psychologisch.

Gott existiert, da das Wesen der Welt logisch ist. −
Satan existiert, da *das* nicht logisch ist.

In der Physik geht es logischer zu
als in der Logik mit natürlichen Dingen.

Formale Logik : der Gefrierfachbereich des Kopfes.

Die Logik ist voller Widerspruch −
zu allem, was sich widerspricht.

Logik ist die Logistik der Denkwege
und menschlichen Verkehrsformen.

Sind Logiker Naturwissenschaftler des Geistes
oder Geisteswissenschaftler der Natur?

Logische und kausale Folgerichtigkeit
verhalten sich wie Zwang und Zufall.

Logische Schlüsse lassen sich durch
psychologische Entschlüsse nicht öffnen,
aber schließlich offenbaren.

Am Schluss kommt schließlich der logische
Schluss, das vollendete Ende, der Nachschlüssel
zum Luftschloss. Es ist altersweise, dass logische
Beweise unsterblich machen.

Der schneidende Aphorismus unterbricht
keine logischen Schlussketten, sondern
nur den ewigen Geredefluss.

Aus keinem logischen Schluss folgen
die Prämissen, aus denen er folgt.

Was zeitlich aufeinander folgt,
folgt nicht notwendig logisch auseinander.

Mancher fühlt sich eher verfolgt von logischen
Folgerungen als von realen Folgen und Erfolgen.

Die seltensten Gedanken, die wir uns machen,
sind logische oder neue.

Liebe ist unlogisch, „weil der Degen in die Scheide
geht, so geht auch die Scheide in den Degen".

Logische Schlüsse eröffnen selten
psychologische Entschlüsse.

Stammen 200 Jahre nach *Kant* unsere kategorialen
Gegenstandsformen aus den formallogischen
Urteilsformen von *Russell* statt von *Aristoteles*?

Pragmatismus : Die Aphorismen sind weder
logisch *deduziert* noch *induktiv* verallgemeinert,
sondern erschließen *abduktiv (Peirce)* aus dem
verblüffenden Resultat und der generellen Regel
den hypothetisch wahrscheinlichsten Sonderfall.

Es ist falsch, wenn aus Logischem Empirisches
folgt, denn empirisches Urteil kann falsch sein:
Es ist falsch, wenn aus Logischem Falsches folgt.

Philosophischer Logos war nicht der Weg von reli-
giöser Mythologie zu wissenschaftlicher Logik.

Philosophie: Logik, Ethik, Physik: Gott, Seele, Welt:
Denken, Wollen, Fühlen: das (erkannte) *Wahre*,
(moralistisch) *Gute* und (naturidyllisch) *Schöne*.

Soll man Philosophien logisch formalisieren
oder Logikkalküle philosophisch interpretieren
oder weshalb beides lieber unterlassen?

Ist es folgerichtig, logisch zu denken,
oder vernünftig, Vernunft anzunehmen von mir
und Verstand zu verlieren wie ein Spiel?

Wenn du stirbst, verlässt du diese Welt;
sterben Logiker und Lyriker, kehren sie
in die Welt zurück.

Das Weltall ist älter als die Weltgeschichte
und diese älter als deine Lebensgeschichte.
Älter als das Weltall ist die Logik, älter
als die Logik sind Gott und das Tohuwabohu.

Logik ordnet nicht, was Leben verwirrt,
sondern Kunst bringt kunstvoll durcheinander,
was formale Logik geklärt hat.

Irrenhäuser sind voll von messerscharf schließenden
Logikern, die ihren Unverstand verloren haben und
keine Unvernunft annehmen wollen.

Logik : Die einzig sicheren Wahrheiten sind
die einzigen, die niemanden interessieren,
dem sie die Grenzen seiner Verrücktheit zeigen.

Der Logiker ist selten offen für aufschlussreiche
Schlüsse auf konsequente Entschlüsse.

Wer Logik auf uns anwendet, raubt ihr die Schärfe:
Wer ihre Schärfe rettet, (er)löst uns vom Leben.

Nichts ist weniger banal als das einfachste Leben
und nichts komplizierter als das Triviale aller Logik.

Aufregend unaufgeregt. Aus Lüge folgt eher Logik
als Lüge aus Logik.

Die Muttersprache ist Metasprache der Logik,
die Metasprache aller Wissenschaftssprachen ist,
die Metasprachen aller Umgangssprachen sind.
Ist Logik die einzige Form, die Natur und Geist
gemeinsam haben?

Geist gegen Geister

Am meisten auf den Geist geht uns
an den Mitmenschen immer nur ihr Geist.

Wer im Kampf der Geister nachgibt, kann der Klügere
sein. Theoretisch handelt er : Er denkt praktisch.

Am „Zeitgeist" stimmt aber auch gar nichts.
Er ist immer zeitlos und geistlos.

Der Geist ist der Kerker des Leibes?
Aber die Zelle war doch immer offen!
Der Körper ist der Kerker des Geistes?
Aber die Zelle ist doch leer!

Utopie : Proletarier aller Länder, einigt euch
auf den vierundzwanzigstündigen Geistesarbeitstag!

Wer seine geistige Nahrung mit niemandem
teilen will, beschränkt seine Moral darauf,
anderen die Bäuche vollzuschlagen.

Jeder weiß, ob er körperlich
und ob andere geistig behindert sind.

Wer andere vom Geist ausschließt,
hat sich selbst vom Geist ausgeschlossen.

Der Menschengeist ist ein Gespenst
oder Fleisch von Gottes Fleischlosigkeit.

Die meisten irdischen Außerirdischen
sind gutgeerdete Geistesblitzableiter.

Der Starke wagt, den Schwachen so wenig
im Geiste anzugreifen wie der Schwache
den Starken in Wirklichkeit.

Wer Genies nicht zu Geiste rücken kann,
rückt ihnen zu Leibe.

Zeitgeist ist Kulturkonsum für die da oben
und Konsumkultur für die da unten,
meist in einer Person vereint.

Körper bilden Massen, Individuen den Geist.

Wo der Geist kein Gespenst ist, braucht es keinen
Idealismus, und wo Menschen leben, gar keinen
Humanismus, aber wo keine Anthropologen sind,
leben noch keine Menschen.

Bildungshunger ist der beste Koch
für geistige Nahrung. Er treibt's rein.

Das schwächste Fleisch hält sich für klüger
als der willigste Geist, weil es immer nachgibt.

Wer nicht den Buchstaben des Gesetzes befolgt,
beschwört gern seinen Geist.

Der Intellektuelle arbeitet für seine geistige Existenz mehr als für die physische Existenz anderer.

Sinnlos ist erst ein Leben,
das den Geistesarbeitsplatz im Weltall verliert
und auf der Milchstraße liegt.

Philosophie ist eine Alternative zur bloßen Alternative von materialistischen Reden über Geister
und geistreichen Reden über materielle Dinge.

Die Seele ist ein Wunschtraum von Holzköpfen
und der Körper eine Erfindung der Geistreichen.

Seinen Stammbaum führt der Deutsche auf Mutter
Natur und Vater Staat zurück und seinen geistigen
Stammbaum bis auf seinen Doktorvater.

Wenn einer mal kein Fleisch isst oder streichelt,
muss er noch nicht Geist haben.

Wir brauchen etwas Köpfchen, uns eine materielle
Existenz zu verschaffen, die aber nicht mehr ge-
braucht wird, uns eine geistige Existenz zu schaffen.

Arbeiter haben Material in dreckigen und sind
Material in sau-beren Händen. Sie sollten endlich
mal ihr Menschenrecht auf Geistesarbeit einklagen!

Kopfarbeit macht das Geistesleben sauer,
und voller Bauch studiert Diätkochbücher.

Armut ist nicht das Schlimmste, aber der Ehepart-
ner eines Genies muss immerhin mit dem geistigen
Existenzmaximum auskommen.

Intelligenz ist Intuition in Zeitlupe, und Intuition
ist die Allwissenheitsquelle der geistig Armen.

Am besten unterhalten uns Menschen, die wir
zu unterhalten verstehen — materiell wie geistig.

Aufklärung heißt : Früher hatte man Gespenster,
heute nicht einmal Geist.

Freie Natürlichkeit ist meistens
nur ungezwungene Geistlosigkeit.

Lieber vom bösen Körper bedrängt sein
als von allen guten Geistern verlassen!

Wer den Geist(reichen) nicht ehrt,
ist des und den Leib(haftigen) nicht wert.

Aphorismen sind Mikroprozessoren,
die Geistesarbeitsplätze vernichten sollen.

Unsere modernen Mönche fliehen die Versuchun-
gen des Geistes, kasteien ihren Kopf und verteufeln
die fleischlosen Genüsse intellektueller Naturtriebe.

Unser Geist denkt sich die Atome aus,
aus denen er entstehen und bestehen will.

„Der Geist, der stets verneint“, ist der Körper,
der stets bejaht.

Geistesadel wohnt gewöhnlich in Luftschlössern.

Jeder macht sich von sich ein Weltbild und von der
Welt sein Selbstbildnis, aber der Geist spiegelt weniger die Welt, als dass sie ihn spiegelt, und die Welt
spiegelt nicht den Geist, sondern dass er sie spiegelt.

Materialismus ist Idealismus der Gehälter,
Idealismus ist Realismus der Geister.

Komisch nur, dass es so viele Geisteskrankheiten
in sportlichen Körpern wie gesunden Menschenverstand von Genies in kränklichen Leibern gibt.

Die Trennung von Staat und Kirche
ward Kumpanei von Macht und Geist.

Einbildungskraft : TV für arme Geistreiche.

Die Geistreichsten glauben nur noch
an Materie(llstes).

Autoren ohne Geld verehren es,
Autoren ohne Geist verleumden ihn.

Wer sich geistiges Eigentum zu eigen macht,
bricht kein Urheberrecht.

Geisteskrank ist, wer noch nach niemandem
ganz verrückt war.

Geistesblitze donnern uns an, aber blitzen ab.

Leib und Seele sind getrennt, seit unser Geist
nicht jedes Mal zusammen mit dem Körper
getroffen sein will.

Gab es nie Klassenkampf zwischen den in leiblichen
und in geistigen Kindern Überlebenden?

Licht ist der Leichtfuß unter den Stoffen,
doch Materie kein Schwergewicht unter Geistern.

Leib und Seele sind eins, heißt es nun.
Das stimmt, denn Geist haben beide nicht.

Oft will *sie ihn* durch ihren Körper verführen,
ihre Seele oder ihren Geist zu preisen.

Gesundheitsbewusstsein wurde zu einer noch nicht
anerkannten Geisteskrankheit.

Aphorismen sind der Versuch, auch in Demokratien
geistreich zu sein, also selbst ohne Zensur.

Die Seele ist für den Leib oft zu geistreich
und für den Geist zu leibhaftig einverleibend.

Der Geistesblitz schlägt ins Gedankengebäude
und zertrümmert es zu vielen Aphorismen.

Dem Kleinmütigen gehört die geistige Welt, und
großmütiger Mut raubt sie ihm nicht übermütig.

Materielle Sicherheit ist fast so viel wert
wie ein geistiges Armutszeugnis.

Geist ist das Vermögen, ohne Vermögen etwas zu
können, was andere mit Vermögen nicht können.

Reiche Nichtsnutze nützen der Mehrheit mehr
als geistreiche Habenichtse.

Geistesblitzen folgt Donnergrollen der Leser.

Auch das Himmelreich ist schon unter Reichen
aufgeteilt. Für Geistreiche bleiben Geisterreiche.

Unter der Erdoberfläche liegen mehr
oberflächliche als tiefe Geister.

Wer würde sich ohne gutdotierten Kulturposten
lebenslang mit geistigen Dingen beschäftigen?

Asoziales sucht ein geistiges System,
soziales System aber geistige Fragmentierung.

Drei Geisteskrankheiten:
Der Wahn, gut zu sein,
die Manie, besser zu werden,
und die Depression, schlecht zu sein.

Man ist heute lieber spirituell und esoterisch
als geistreich und geistlich.

Wer so viele geistige wie leibliche Kinder will,
bleibt steril.

Geist braucht man nur *gegen* seine Zeit,
Zeit aber *für* seinen Geist.

Fortschritt erhob Geistiges über Körperliches:
Man verhöhnt nun Dummköpfe, nicht Krüppel.

Kommt ein Geistreicher eher durchs Nadelöhr
als ein reiches Kamel in die Hölle?

Kein Klassenkampf zwischen Kulturkapital
und Geistesarbeit?

Hasst du Witz, den du nicht hast?

Auf Erden existiert weniger unsichtbarer Geist als
im Kosmos sichtbare Materie, und beides zerstreut
sich mit wachsender Eile.

Weisheit ist der Witz, Wissen als Aberglaube
schmackhaft zu machen.

Der Kopf hat den Witz, den er nicht macht;
sein Gegner macht den Witz, der er ist.

Der Philosoph sucht Weisheit, der Aphoristiker
findet Witz, und der Forscher erfindet Wissen.

Der Aphoristiker opfert einen Witz nur einer Sache,
die er dem Witz an der Sache opfern kann.

Herren haben sich noch nie totgelacht.
Knechte hatten zu wenig Witz.

Gewitzt. *Hegels* Idee war ein trockener Witz
auf *Schlegels* frühromantischen Witz.

Witz ist die Fähigkeit, Anpassung in der Auflehnung und Aufstand im Gehorsam sehen zu lassen.

Viele Kinder haben Weisheit,
Erwachsene Wissen(schaft)
und Alte Witz.

Hegel brachte System in den Geist,
Schlegel Esprit ins System.

Der Geist sieht, warum und wozu das Auge
etwas (nicht) sehen kann.

Geist ist Notdurft für den, der im Überfluss lebt,
und Luxus der Armen.

Naturwissenschaft unterjocht die große Natur,
Geisteswissenschaft den großen Geist.

Die Utopie liegt darin, materiell so genügsam
wie geistig zu werden.

Sind Logiker Naturwissenschaftler des Geistes
oder Geisteswissenschaftler der Natur?

Naturforscher sind oft geistreicher als Geisteswissenschaftler, die nur ihrem Naturell folgen.

Spiritismus. Spirituelles ist nicht viel geistreicher
als geistliche Spirituosen.

Im gesunden Körper ist Geist eine Krankheit
wie im gesunden Menschenverstand.

Körperlich fit und gesund bleibt man
für spätere Geisteskrankheiten.

Zeitloser Geist in geistloser Zeit
treibt nur noch reine Mathematik.

Wer das Fleisch nimmt, lässt dir meist die Knochen
und nicht den Geist.

Geist und Gewalt sind solange Todfeinde, bis der
Geist der Macht über die Macht des Geistes kommt.

Geist ist seit langem ein Fremdwort
für einen Fremdkörper.

Ein Reicher weiß nie, dass er reich genug ist; ein
Geistreicher weiß, dass er nie geistreich genug ist.

Jeder will heute *ganz er selbst* sein,
Hauptsache nichts Geistiges.

Der Kluge ist oft ein Feigling,
aber nicht jeder Angsthase ein Geistesheld.

Gott ist Geist, heißt es. Geisteswissenschaftler
wissen nichts mehr davon.

Nietzsche pries die Sinnenlust,
indem er seine Leser verletzte. *Platon* tröstete seine
Hörer, indem er die Geistesfreuden rühmte.

Höre die Stimmen des Gewissens
und lass dich geisteskrank schreiben!

Die Seele ist unsterblich, wo sie Geist hat
und ewig gültige Logik versteht.

Feste in Festungen feiern. Der Leib kann nicht so,
wie die Seele will, und der Geist kann nicht so,
wie der Körper will : Was ist komischer?

Copyright. Wünsche verwünschen andere.
Enteignet die Geistreichen!

Wer über Witz spottet, hat auch Humor.

Geist braucht mit der Zeit mehr gute Gründe
als der Zeitgeist.

Um im Leben zu stehen, genügt es nie,
den Geist als Gespenst zu sehen.

Der bloße Geist ist nicht im Norden,
weil das nackte Leben im Süden ist.

Dem Geist fällt es schwer, mehr zu werden,
dem Leib schwerer, weniger zu werden.

Geistige Geradlinigkeit besteht
aus potentiell unendlich vielen Pointen.

Einst hielt man sich den Leib vom Leib, heute Seele,
Geist und Gott.

Ich bin nicht geisteskrank, ich könnte Bäume
der Erkenntnis ausreißen.

Geisteswissenschaften wissen Geistreiches
mit guten Gründen gründlich unter den Teppich
zu zerreden.

Wer ernste Dinge nicht mit Witz vorträgt,
wird ausgelacht.

Eher werden Barbaren mit Geld
als Sklaven mit Geist abgefunden.

Ruht der Geist, reist der Leib; geht dieser, jagt jener.

Der Geist erfährt sein Gegenüber
wie ein Geisterfahrer den anderen.

Nur geistige Arbeit macht Mordsvergnügen,
nur geistiges Vergnügen macht Mordsarbeit.

Geistesblitze : Mündigkeitsfeuer aus Lebensläufen.

Zum ewigen Müßiggang bist du nicht reich genug.
Oder nicht geistreich genug?

Wer nicht Geist hat, wird nie geisteskrank, hofft man.

Geist ist der Blick, den ein Blickwinkel
auf (s)einen Augenblick wirft.

Geist weicht nicht mehr ab,
sondern auf und aus.

Einst war die Seele die Form des Leibes und der
Rohstoff des Geistes. Heute ist sie Psychologin.

Geistesadel *von und zu* : Wozu ein Buch von XY?

Geistloser Kampfgeist der Sportskanonen:
Weltkrieger ohne Kanonen.

Der Geist sieht, warum und wozu das Auge
etwas (nicht) sehen kann.

Gesellschaftlicher Erfolg glänzt
durch Geistesabwesenheit.

Menschengeist macht auf dem Lebensweg Erfahrung weniger mit Geistern als mit Geisterfahrern.

Geistige Freiheit verkam zum trotzigen Recht,
eine eigene Meinung zu vertreten,
die seit Jahrtausenden schlüssig widerlegt ist.

Geist ist, wenn der Kopf
über die eigene Leiche geht.

Lektüre macht geistige Armut erträglicher.

In ein reiches Naturtalent oder in eine reiche Familie
hineingeboren zu sein, ist gleich ungerecht –
gegenüber den Armen im Geiste wie im Beutel.

Vorschrift : Wissenschaftliche Geistesblitzableiter
gehören auf alle Gedankengebäude!

Heute wird uns alles aus und auf Bauch geschrieben,
damit es nicht auf den Geist geht.

Auch richtige Geisteswelt ist nicht gerecht,
aber sach- und fachgerecht eingerichtet.

Der Druck der Wirklichkeit presst den Geist
zu Aphorismen zusammen.

Kränkelnde Arbeitstiere halten den ganzen Betrieb
auf, reibungslos funktionierende sind geisteskrank.

Mit Reichtum wüssten nur Geistreiche
etwas anzufangen.

Auch jede geistige Nahrung
kann eine Henkersmahlzeit sein.

Der Zeitgeist betrügt das einzig *Wahre* mit der eigenen Meinung, das *Gute* mit Vergütungen, *Schönes*
mit der Färberei und *Heiliges* mit der Diva.

Geist ist ebenso Kulturkapital
wie Gold eine spirituelle Macht.

Das Geld schaut auf die Welt wie der Geist : herab.

Wer vom Menschen den Körper abzieht, behält
keinen Geist übrig, und wer die Seele abzieht,
keinen Leib.

Der Leib will etwas, und die Seele bringt es,
oder sucht der Geist etwas, und der Körper holt es?

Der Künstler tönt von Tun und Geist
und giert nach Ruhm und Gold.

Geist fällt lästig, wo Lustloses
schon geistreich wirkt.

Geist gilt als das menschlichste Sinnorgan.

Der eine hat Köpfchen, der andere Geist.

Geist gilt inzwischen als Todsünde
wider die heilige Schweinefleischeslust.

Geist ist keine Nebenwirkung des Körpers,
doch leibliches Wohl ein Placebo des Kopfes.

Wer sich zu kurz fasst, geht oft zu weit, doch
von Geistesblitzen Erschlagene leben lustig weiter.

Hegel begriff Schlegels geistreiche Witze
als gewitzte Bruchstücke eines Universalwitzes,
den Adornos Esprit witzlos fand.

Im Ich wie in seinem Witz hängt zusammen,
was im All nicht zusammengehört, wie im Gemüt
auseinander folgt, was im Gehirn auseinanderfällt.

Persönliche Anwesenheit
ist noch keine große Geistesgegenwart.

Einst war man beseelt und begeistert,
nun ist man besoffen und bekifft.

Um den Witz bei der Sache zu finden,
muss man sie ernst genug nehmen.

Was Gott und Welt und Mensch verbindet,
ist kein Begriff, sondern ein Witz bei der Ursache.

Wahre Industriedemokratie : Achtstundenwoche
und ein geistiges Leben.

Geisteskraft bewegt Stubenhocker,
Geistesträgheit hält den Körper fit.

Eher ist Leben eine *Selbstentfremdung* des Geistes
als Geist eine Selbstentfremdung des Lebens.

Scharfsinniger Geist entfremdet sich zurecht
einem stumpfsinnigen Leben.

Nicht der Geist erstarrt,
sondern Leben lässt sich gehen.

Der Mensch fühlt sich auf Erden größer als die Erde
im All, und sein Geist setzt große Töpfe in kleinere.

Der Blinde gewahrt das Donnerwetter
und der Taube den Geistesblitz.

Ohne Geist wird pure Vernunft die Luftbrücke
zwischen Irrtum und Irrsinn.

Geist sollte weltfremd sein, *dehors*, weder für
noch gegen, weder Zeitgeist noch Corpsgeist : Ein
Nebenleben für sich, ob nun drunter oder drüber.

Eitel wird, wessen Stolz geknickt wird,
und stolzer Geist kränkt weniger als Geist.

Begeisterung für Ungeist. Idealisten kommen
nie auf die kluge Idee, dass um ihrer selbst willen
nicht nur kluge Ideen verfolgt werden.

Früher hatte man Geist, heute die Hirnforschung.

Der Leib bewegt die Seele und der Körper bewegt
den Geist wie die Fahne den Sturm.

Die meisten Menschen müssten unsterblich sein.
Wer hat einen Geist, den er aufgeben könnte?

Ist Logik die einzige Form, die Natur und Geist
gemeinsam haben?

Physiker erfahren nun von unbelebter Natur mehr
als Geisteswissenschaftler von menschlicher Natur.

Habenichtsnutz. Materielles Eigentum wird besser
geschützt als geistiges, dem es sich verdankt.

Otium doctum. Wer von seiner Arbeit leben kann,
ist nicht geistig tätig.

Pop(anz). Wer allen nach dem Munde reden will,
verteidigt Fraß und Suff, Sex und Sport gegen
die „Heuchelei des geistigen Lebens".

Existenzkampf um Gelder besiegt
den Konkurrenzkampf der Geister.

250 Jahre Industrie. Maschinen wollten mal
Knochenjobs und Routinearbeit abschaffen,
um uns frei zu machen für Geistesarbeit, doch nicht
kindische Spielbedürfnisse von *Gamern* schaffen,
für die noch mehr zu schuften wäre.

Erfolg. Geist folgt dem Gold, Geld verfolgt
den Geist und befolgt Geister.

Nicht wenige Geisteswerke sind kritisch, präzise
recherchiert, aufrichtig und authentisch, tolerant
und pluralistisch, besonnen und humanistisch
und doch nicht die Wahrheit.

Geistesblitze erreichen uns bei Unwettern leider
selten *vor* dem Kanonendonner.

Ein geistiger Mensch begeistert sich für Gott,
der ganz Geist ist, und will die Schöpfung
eher verherrlichen als beherrschen.

Der Blickwinkel, aus dem du die Welt siehst,
sollte dir stets vor dem geistigen Auge stehen.
und Dummheit definiert sich als Glaube, die Welt
aus dem Blickwinkel von 360 (statt 36) Grad
zu sehen.

Verelendungstheorie. Der vierte Stand hat den
materiellen Wohlstand des Kleinbürgers und der
dritte Stand den geistigen Tiefstand des Proleten
glücklich erreicht.

Eines der letzten Tabus dieser wie jeder Zeit bildet
die physische, seelische und geistige Verelendung
ihrer Arbeitssklaven, kulminierend in ihrer
Verdrängung und Verleugnung. Bürger lesen
auch nur Mordkrimis, Bürgerinnen Liebes-
romane, Adlige den *Gotha*-Klatsch –
aus Verblödung oder bis zur Verblödung.
Und philosophische Gedanken sind ersetzt
durch umweltanschauliches Geplauder.

Der Idealismus hat alles materialistische Getue
und Gehabe überlebt : Geistige Arbeit wird materiell
weiterhin besser vergütet als körperliche.

Einsamkeit ist etwas, das der Reiche nie
und der Geistreiche nur erträgt.

Dichter und Denker müssen dem Corps-
und Zeitgeist weit genug voraus sein,
um ihn antreiben zu können, doch nicht so weit,
um von ihm vertrieben zu werden.

Schiller 2000. Der nützliche Arbeitssklave
aller Länder ist nur dort ganz Mensch,
wo er mit nutzlosen Geistesglasperlen spielt.

Arbeit in Kraftwerken heißt,
Arbeit an Kunstwerken geistig zu behindern.

Kunst tut so, als würde der Autor seinen Leib
verkaufen und die Hure ihren Geist.

Schönheit wird selten den Geist entwickeln, der
über ihren späteren Verlust hinwegtrösten kann.

Macht duldet Differenz des Gegners,
nie Indifferenz des Geistes.

Meist verbirgt *sie ihm* kokett ihren Leib
und *er ihr* seinen Geist.

Der Geist des Gesetzes sitzt für viele
auf den vier Buchstaben des Vorgesetzten.

Mancher ist einfach zu blöd
für richtige Geisteskrankheiten.

Dichter und Denker sind stets Ausländer –
heimisch in geistigen Regionen.

Im Abstand von ihnen werden Körper
immer kleiner und Geister immer größer.

Wenn man schon sterben muss,
dann als besonnener Held; wenn man schon leben
darf, dann als feiger Geistesheld.

Religion erzeugt die einzige geistige Massen-
kultur, die nicht banal und billig ist.

Das geistige Interesse kann heutzutage wählen
zwischen dem zeitlosen Gemetzel der Geschichte
und dem ziellosen Gestöber des Weltraums.

Früher *konnten* Leibeigene geistig frei bleiben,
heute *müssen* freie Bürger Arbeitssklaven sein,
die selber Sklaven halten *dürfen*.

Beneide jeden Reichen und jeden Geistreichen,
aber nur um das, was keiner mit seinem Reichtum anfängt.

Kunst ermöglicht die Tollkühnheit von Feiglingen,
Wissenschaft duldet Kleinmut von Geisteshelden.

Der *Triumph der Technik* ist kein bloßer
Triumph des menschlichen Geistes, sondern
auch ein Triumph über den menschlichen Geist.

Atheisten und Agnostiker sind Gutgläubige,
die geistige wie geistliche Abenteuer scheuen und
Extremdisziplinen für Körperertüchtigung halten.

Wären Leib und Seele und Geist eins,
könnten sie nicht voreinander schützen.

Der feinste Stoff ist noch nicht
der gröbste Geist und der größte Mensch
noch nicht der kleinste Gott.

Früher war Geschlechtliches schlecht.
Heute ist es samt Geist nicht freier,
aber schlicht grobschlächtiger.

Über Geist und Geld fällte Marx
zu gebräuchliche Tauschwerturteile.

Hohen Gedanken darf man niedere Gelüste opfern,
aber auch für edelste Begeisterungen auf das letzte
bisschen Geist verzichten?

Die meisten arbeiten gern viel mehr,
als für ihr Leibeswohl nötig wäre,
um unbezahlter geistiger Mühe zu entgehen.

Unter lauter Leichen wirkt jeder Lebende
wie ein Geist.

Geistreiche sollten mit kleinem materiellen
Vermögen nicht schlechter fertig werden
als Neureiche mit kleinem geistigem Vermögen.

Manch geistreiches Werk will bettelarme Vorfahren
retten und rächen.

Sinnliche Brunst nährt auch geistige Inbrunst,
ohne miteinander schwinden zu müssen.

Einst verteidigten Helden die schwache Kreatur
gegen jede Macht, dann Geisteshelden die rote
Diktatur gegen jeden Arbeitssklaven.

Demokratie keimt, wo der Mensch zerfällt
in neureiche Herren und geistreiche Knechte.

Geistigen Untergang erlebt,
wer sich in keine Materie versenkt.

Geist überredet, Macht überzeugt, Recht überführt,
Unrecht überfährt, und Gefühl überkommt.

Ein kluger Kopf ist stets geistesabwesend
und geistesgegenwärtig zugleich.

Der Geist hatte lange genug den einzigen Zweck,
unsere materielle Existenz zu sichern. Nun hätte
das Materielle den einzigen Zweck, eine geistige
Existenz zu ermöglichen.

Die Industrie schafft immer neue lächerliche Bedürfnisse, um keine zweckfreien Kulturbedürfnisse
wecken und den bescheidenen Bedarf geistiger
Existenz decken zu müssen.

Die geistige Armutsgrenze liegt kaum
beim materiellen Existenzmaximum.

Einst schuf bescheidener Geist materiellen Wohlstand, und einst sollte materielle Bescheidenheit
geistigen Reichtum schaffen.

Der gewöhnliche Geist ist mit viel Körper,
der ungewohnte Leib mit viel Seele bekleidet.

Hat schon Geist, wer mit Schlagfertigen fertig wird,
ohne zuzuschlagen?

Man ist nicht klug genug, seine geisteskranke
Dummheit zu sehen, doch nicht dumm genug,
seinen gesunden Menschenverstand zu übersehen.

Von Gleichheit und Gerechtigkeit,
von Frieden und Freiheit träumt,
wer von keinem besonderen Naturtalent
oder geistigen Interesse nachhaltig gefesselt ist.

Stille und ungiftige Idyllen

Naturökologismus oder Hirtenpoesie?

Der Pater-Brown-Erfinder *Gilbert Keith Chesterton* erinnerte in „Verteidigung" vor über einem Jahrhundert daran, dass nur Zweierlei die letzten zwei Jahrtausende überlebt habe, die Realfigur des christlichen Seelenhirten ("Der HErr sei mein Hirte, mir wird nichts mangeln") und die Idealfigur des kunstbukolischen Schafhirten. „Weide meine Lämmer!"

Der Hirt deutet an, dass es nicht darum geht, das Landleben gegen unsere Stadtkultur zu verteidigen, sondern das voragrarische und vorfeudalistische „Goldene Zeitalter" der unidealisierten nomadischen Jäger und Sammler, Wanderschäfer und Fischer, also die unberührte Landschaft gegen die sesshafte Landwirtschaft und urbane Hochkultur.

Der geruhsam seinen Herden hinterherziehende, müßiggehende Viehhirte, nicht der landeinzäunende und verflucht ackernde Bauer, Vieh- und Getreidezüchter, ist der Mittelpunkt des ideal-idyllischen Lebens im statischen *Raum* der menschenarm freien Natur und nicht in der dynamischen *Zeit* kollektiver Aktionen und Naturbearbeitungen.

Die Handlung von Literaturidyllen z. B. beschränkt sich gewöhnlich auf wenige sparsame und schonende Bewegungen, die nur dazu dienen, den Spielraum für die Einbildungskraft auszuspannen. Ein gleichsam horizontales Leben ohne steilvertikale Machthierarchien also, ohne Herr und Knecht, Bodenbeackerung und Erfolgsstress, Ausbeutung und Unterdrückung von Mensch und Natur.

Ahnherr der idyllischen Dichtung war der Grieche *Theokrit* um 270 v. Chr., und der augusteisch euroklassische Römer *Vergil* verfeinerte dann diese naiv derbere Naturlyrik in seinen fast arkadisch eleganten „Eklogen" um 40 v. Chr., seinen idealnomadischen „Bucolica" vor den agraridealen „Georgica".

Der *Locus amoenus* verlagerte sich geschichtlich vom elegischen Sehnsuchtsort der freien Natur in die noch freiere Kunst, bis der Argentinier *Jorge Luis Borges* im 20. Jahrhundert vom stillen Bücherparadies einer „unendlichen Bibliothek" schwärmte.

Das mythische „Arkadien" schwankt seither je nach Zeit- und Individualgeschmack zwischen theokritischer *Naturidylle* und vergilischer *Kulturidylle* — einer Geistesidylle, die innerhalb der Hochkultur deren Gegenteil feiert und am Ende nur noch die gelehrte Muße in der Dichter- und Denkerklause fernab vom verachteten und gefürchteten Weltgetriebe : *Otium cum dignitate et studio, "procul negotiis"* (*Horaz* im *Sabinum* fern aller Geschäfte).

Seinen Höhepunkt erlebte das europäische „Literarkadien" 1756 in den „Idyllen" des Schweizer Dich-
ters und Malers *Salomon Geßner,* vom Frankreich
Rousseaus begeistert begrüßt. Die Kette der europä-
ischen Idyllenpoesien von Petrarca und Sannazaro,
Ariosts „Aminta", Spensers „Féerien", Vossens
„Luise", Goethes „Hermann und Dorothea" u. a.
reißt erst mit dem 1. Weltkrieg des 20. Jahrhunderts
so gut wie abrupt ab. Seit diesem „Kulturbruch"
sieht man nur noch *trügerische und giftige Idyllen,*
gemessen am Horror der industriellen Material-
schlachten des abendländischen Zivilisationsdesas-
ters. Die altehrwürdige Bukolik verkommt nun in
den Augen der aufgeklärt ernüchterten Zeitgenossen
zum Kunstgewerbekitsch samt Harmonie-Ideologie
und die sanftere Idyllenmalerei zur quietschbunten
„Postkartenidylle".

Und mit heute sogenannten *giftigen Idyllen* sind hier
keine umweltverseuchten Wiesen, Wälder und Fel-
der gemeint, sondern die Lebenslügen darin.

In der Euro-Malerei gibt es eine geschwisterliche
Tradition idealer Wunschlandschaftsbilder (Lorrain,
Watteau etc.), die einen utopie-mythischen *Locus
amoenus* gegen den *Locus terribilis* überzüchteter
Stadthochkulturen in ihre Schaufenster stellen. Die
kritischen Pragmatiker sehen solche Trivialkunst nur
als prämoderne Vorläufer verkitschter Film-Ikono-
graphien und Video-Ästhetiken.

Wie viel reales Grauen der barbarischen Welt muss aus solchen Stillleben rigoros und barbarisch ausgeblendet werden, heißt es oft. In der Tat kann man neben Trivialkünsten und Kunstgewerbe auch touristisch ausgebeutete Urlaubsidyllen bis heute nicht ganz ohne Schrecken wahrnehmen. Ihre „verkehrsberuhigte Lage" erstickt und versteckt die unablässigen Schreie der Opfer in den Folterkellern der Welt oder z. B. von Kinderbergarbeitern, die in ihrem kurzen Leben selten die Sonne sehen.

Idyllen lügen und betrügen auch, nicht indem sie bloße Utopien von Morgen an die Wand malen, sondern das oft komfortable Grauen von Heute verschleiern und vergessen helfen und eine Harmoniewelt ohne Not und Tod, Hunger und Krankheit, Unterdrückung und Ausbeutung vorgaukeln.

Ein Denker, der sich in keinem Augenblick seines Lebens über diesen allein wirklichen und allein wesentlichen Kern der ganzen Welt hinwegtäuschte, war *Arthur Schopenhauer* im fortschrittsgläubigen und relativ krisenverschonten 19. Jahrhundert, wenn er dringend empfahl, gerade im vollen Bewusstsein dieser desolaten und in seinen Augen unaufhebbaren Elendssituation des Menschen sich eine „feuerfeste Kammer in der Hölle" des Irdischen zu bauen und sich dorthin wenn möglich schleunigst zurückzuziehen, möbliert mit intellektuellen und künstlerischen Geisteswerken statt mit den (Un)Taten der Großen.

„Dieses intellektuelle Leben schwebt, wie eine ätherische Zugabe, ein sich aus der Gärung entwickelnder wohlriechender Duft, über dem weltlichen Treiben, dem eigentlich realen, vom Willen geführten Leben der Völker, und neben der Weltgeschichte geht schuldlos und nicht blutbefleckt die Geschichte der Philosophie, der Wissenschaften und der Künste." („Parerga und Paralipomena" II, 1. Teilband, Kap 3, § 52)

Darin sah Schopenhauer eine rational legitimierte, eine erwachsene und nicht mehr infantile Wunschdenkidylle für jedermann jederzeit immer schon hier und heute erreichbar. Das Paradies ist immer gleich nebenan, nicht im Wolkenkuckucksheim der Utopiefabrikanten und Tagträumer, Faulpelze und Taugenichtse. Idyllik ist Eskapismus, sicher, aber Entrüstung über Flucht aus den Realitätsgräueln stünde einer Welt schlecht an, die wohl allen Anlass bietet, vor ihr Reißaus zu nehmen − „wohin anders als anderswohin?" *(Charles Baudelaire)*

Der wichtigste Prosa-Idylliker der neueren Zeit, *Jean Paul (Richter)*, machte sie sogar zur Satire, also eher ihrem Gegenteil. Es gibt zahllose Satiren auf Idyllisches, aber jede Idylle ist ihm selber eine Satire auf das moderne Leben in der modernisierten Welt. Das arme "Schulmeisterlein Wuz" schreibt sich die Bücher selber, die er sich nicht leisten kann zu kaufen. Im Vorwort zum "Leben des Quintus Fixlein" schreibt der bedeutendste satirische Idylliker und idyllische Satiriker des Landes : Der erste Weg, glücklicher zu werden, sei es, "so weit über das Gewölke des Lebens hinauszudringen, dass man die ganze äußere Welt mit ihren Wolfsgruben, Beinhäusern und Gewitterableitern von weitem unter seinen Füßen nur wie ein eingeschrumpftes Kindergärtchen liegen sieht. Der Zweite ist − gerade herabzufallen ins Gärtchen und sich einheimisch in eine Furche einzunisten, dass, wenn man aus seinem warmen Lerchennest heraussieht, man keine Wolfsgruben, Beinhäuser und Stangen, sondern nur Ähren erblickt, deren jede für den Nestvogel ein Baum und ein Sonnen- und Regenschirm ist."

Sehet die Lilien auf dem Felde ...

„Et in Arcadia ego“, sagte „Freund Hein“ − oder im Sinne von : Das Paradies liegt stets gleich nebenan.

(Zu empfehlen ist besonders die antiquarisch noch preiswerte Anthologie „Idyllen der Deutschen“ (Inselverlag, Frankfurt/Main 1978) mit einem kenntnisreichen Vorwort ihres Herausgebers *Helmut J. Schneider*. Außerdem sollte in jedem Haushalt ein Auswahlband mit Naturpoesie stehen.)

Von Arkadien zu Bücherparadiesen

Schiller warnt nicht nur vor leerer Entspannung, die realistische Erholung von Geschäften sucht, sondern auch vor schwärmerischer Überspannung, die sich utopistisch versteigt und volle Freiheit mit leerer Phantasie verwechselt. Real-existierende Idyllen-Idealität aber ist die Insel-Wunschlandschaft gutsortierter Bibliotheken und kein Agrar-Barbarismus brutalistischer Natursentimentalitäten.

Hegel höhnte, man wisse bei Geßners Idyllen nicht, ob sie mehr den Schafen oder den Schäfern zu gute komme. Sie kommen nicht *nach* Hochtechnologien und Reformpolitik, sondern noch *vor* den Sozialutopien : In all ihrer Störanfälligkeit sind Idyllen doch schon selber jene Sozialkritik, die von ihrer Resignation fruchtbar unterlaufen und ausgespart wird. Haben sich arkadisch präzivilisatorische Naturidyllen nicht als elysisch postkulturell oft nur ausgegeben, wie bei Vossens „Luise"? Die relative Autarkie ist dann erkauft um den Preis realer Ohnmacht. *„Das mehr nur Pflückende und Hütende Arkadiens"* ist bei Vergil schon überwunden, doch bei Theokrit noch nicht.

Wir haben Vergils bukolische durch unsere bibliothekarische Idylle ersetzt und sublimiert : pastoral book of nature. Vielleicht hat ja schon Vergil seinen derberen Theokrit ebenso verfeinert. Der geistige Glücksraum der fröhlichen Gotteskinder ist keine geographische oder futurologische Kategorie mehr, aber noch immer ein Klassenbegriff des Bildungsprivilegs. Die moderne Idyllenfurcht ist berechtigter Hass auf Harmoniebetrug, und das goldene Zeitalter der Agrikultur war schon immer nur Ideologie. Das *Agrarkadien* sei sublimiert zum *Literarkadien* und nicht fortentwickelt zum *Atomarkadien*. Ich meine die idyllische Utopologie der platonischen Höhle, die poetische Dachkammer, der epikureische Schrebergarten oder die „Denkerklause", die Rettung des *Idyllividuums* vor kollektivsten Zugriffen. Die erste rohe Natur ist zu wahrer menschlicher Natur erst zu bilden. Kunst ist ja kein Schöpfungsersatz, sondern selber göttliches Naturtalent. Das biblische Jenseits verbietet das idyllische Paradiesseits. Zielen Jesajas Verheißungen auch auf Bücherparadiese?

Aber es gibt die idyllisch ungestörtere Wahrnehmungsschule und Naturkunde. Vergils „Georgica" feierte schon die naturphilosophische Erkenntnis des Kosmos. Ich suche keine Einengung Arkadiens auf die Weite von Schäferweiden, aber die ackerflüchtige Ausweitung auf enge Gelehrtenstuben. Mich stören vor allem die schrecklichen Vereinfacher aller Komplexe. Der Großsoziologe Niklas Luhmann sah den Kern der Kultur gerade in dieser *Komplexitätsreduktionspotenz,* und derbe „Natürlichkeit" floriert nie am Anfang, sondern immer in Spätzeiten, als Reaktion auf erstarrte Überfeinerungen. Bloße Lesezeiten in Bibliotheksräumen und Geschichtswerken sind ja selber erstarrte Geschichtszeiten, wenigstens nomadisierende Gespräche ohne Ziegen- und ohne Zungenhüten.

Vielleicht sind es da auch platonische Dialoge von peripat(h)etischen Flaneuren, die Kreuzungen aus Nomaden und Pfahlbürgern sind, und der traditionelle Liederwettstreit der Idyllen ist ersetzt durch Ideenwettstreit. Das Heroische ist nur noch im Geisteshelden, und der Kriegsheld siegt in Polemiken. Schon für die romantische Sehnsucht war Geßner viel zu fade und Voß zu hausbacken. *Der zerbrochene Krug* fand in Kleist den Schuldigen und die *Idylle* bei Geßner das Unschuldslamm. Nicht die literarische Gattung macht ja das Idyllische, sondern die Denkweise und Lebensform. Geistiges Leben ist da erkauft durch versöhnliche Reduktion auf Spießermaß. Gibt Vischers „*gemütliche Heimlichkeit*" nicht doch nur erstickendes Behagen? Oder mikrologische

Vollendungschancen? Die kapitalistische Ökonomie bedroht nicht nur dumpfe Öko-Nischen, sie fördert auch großstädtische Robinson-Inseln – voller Sehnsucht nach dem ruhigen Ende aller Sehnsucht.

Ist das im Grunde nicht nur Todessehnsucht? Es ist auch subjektives Glück im objektiven Unglück, also kosmische Totalität in proletaristischen Mikrologien.

Müssen wir verzichten auf etwas, das wir nie begehrt haben? Wir opfern keine Traumziele, sondern uns verschonen Schreckgespenster. All unsere Entsagung ist Entlastung, wenn wir Staat und Gesellschaft für das Buch der Natur und das Buch der Bücher leichten Herzens opfern. Aus der materiellen Not eine geistige Tugend machen? -- Die Welt ist böse, also halte ich mein kleines Herz und Haus ganz frei von Hass und Häme? Das moderne Anti-Idyll lebt doch von den Idyllen, aber umgekehrt auch unser Eidyllion von der Anti-Idyllik um uns herum. Idyllische Beschränkung (ver)blüht, und dämonische Verschlossenheit brütet.

Sogar Schopenhauers erzidyllische Triebphilosophie wollte sich nur eine „feuerfeste Kammer in der Hölle bauen". Nur ein „buddhistischer Paranoiker"?

Schiller konnte nicht mehr realisieren, was er an Kulturidyllen forderte, wenn uns Kultur zur zweiten Natur geworden ist. Das Anti-Idyllikum Tod kam ihm dazwischen, nicht seine Unfähigkeit, aber vielleicht diese Unmöglichkeit, Realitäten harmonistisch umzulügen? Goethes Idyllik lockte *in die stillere Wohnung, – wo sich, nah der Natur, menschlich der Mensch noch erzieht.* Ob nun Altersruhe oder antike Kindheit der Menschheitsgeschichte oder der Infantilnarzissmus biographischer Vergangenheit : Das Welttheater reflektiert sich gern im Taschenspiegel. Jede Naturidylle ist von Geschichte und Gesellschaft bedroht, aber nicht von Geist und Kultur.

Auch der Spießer gibt seine kleine Welt als ideales Muster aus, wie das Genie. Aber sprich Horaz nach: Beatus ille, qui procul negotiis ... Exegi monumentum aere perennius … ganz aus Aphorismen.
Lass uns einen Spaziergang machen zum erhöhten Aussichtsturm mit einem freien Blick auf Großstadt-Landschaften, Müll-Berge und Ab-Flüsse? Seien wir dankbar für den geschichtlichen Augenblick, der auch uns, für die das nicht überliefert wurde, die aufgespeicherten Schätze aller vorausgegangenen Generationen mitgenießen lässt. Aber wir wollen sie nicht nur in kurzer Lebenszeit verschwenden, sondern auch als Rohmaterial für höhere Veredelungs-

produkte gebrauchen. Nutzen wir die Gunst der Stunde, bevor sich das Startfenster für unsere kleinen Himmelsraketen wieder schließt und Leuten wie uns die letzte Stunde schlägt. Die rechtmäßig ererbten Güter gegen Barbaren zu verteidigen, sind wir schon nicht mehr stark genug. Was wir hier schaffen, vertrauen wir irgendwann der Flaschenpost an, die wir in die Nordsee werfen. Mag die Vorsehung sie künftigen Geistesverwandten in Kopf und Hände spülen. Entsagung ist allerdings zu leicht, wenn sich das meiste versagt.

Idyllische Elfenbeintürme

Das Leben der Theoretiker hat heute immer weniger Gegenstände, die nicht zu Objekten der Praxis gemacht werden sollen. Sozial-, Geistes-, Geschichts- und Wirtschaftswissenschaften sind ganz unmittelbar praktisch orientiert und motiviert. Recht und Moral, Ökonomie und Ökologie, überall ist von menschlichen Machenschaften nur die Rede. Mit den *harten* Naturwissenschaften steht es kaum anders. Physik, Chemie und Biologie samt ihren modernen Verzweigungen werden nicht um ihrer selbst willen gelehrt und betrieben, sondern die Forschungsgelder fließen allein in Fragestellungen, die profitablere Resultate für die Wettbewerbsfähigkeit von Unternehmen erwarten lassen, in Technik und Industrien. Auch die *weichen* Kultur- und Geisteswissenschaften handeln nur überkompensatorisch von den „kommunikativen Handlungen" und zwischenmenschlichen Gefühlsschicksalen, bis hin zur abstrakten Musik. Kosmologen und Elementarteilchenforscher arbeiten allerdings zusammen, um nicht nur Atombomben oder Teflonbratpfannen abzuwerfen, sondern um grundlagenforsch die Struktur und Geschichte des Alls zu untersuchen, aber auch da droht militärischer Nutzen alles zu motivieren. Zum Glück gibt es noch theoretische Physiker, die keine Drittmittel eintreiben, um E-Autos und Laserkanonen zu erfinden. Auch die reinen Mathematiker entwickeln nicht nur bessere Industrieproduktionsprogramme und Versicherungsmodelle. Die reinere „mathematische Logik" steckt nicht nur in den Schaltkreisen der Computertechnologiker, sondern treibt hoffentlich auch noch zweckfreies Spiel des Geistes mit seinen eigenen Möglichkeiten, ein unrentables Glasperlenspiel auf höchstem Niveau. Formallogisch Wahres und Naturschönes bilden arkadische Inseln im Meer der industriellen Produktionen und sozialen Optimierungstechniken. Der ganze Bereich der *vita activa*, der anthropogen sozialaktivistischen Eingriffe in grüne und menschliche Natur, sollte eigentlich nur noch aphoristisch distanziert werden, um nicht weiterhin vor- und aufdringlich zu bleiben. Die pure Meditation und Kontemplation des Kosmos und des reinen Geistes steht den geistreichen Reflexionen in satirischen Bonmots gegenüber, alles überdacht und zugleich fundiert vom heiligen Geist monotheistischer Religionen. *Gott ist Geist*, und im Geist soll das Geschöpf Ihn und Seine Schöpfung anbeten und verstehen, Geist, der im menschlichen Ebenbild geistreich wird und in Naturstrukturen sein herrliches Sinnbild hat. Im Anfang war das Wort, und das Wort wurde ein Bonmot?

Von Ideen und Idolen zu Idyllen

Nur zwei europäische Traditionen haben ganze zweitausend Jahre bis zur Neuzeit überdauert: die katholische Kirche und die Literaturgattung der bukolischen Idylle. Das wird nun viele Zeitgenossen überraschen, denen die Welt sich viel zu schnell oder gar nicht schnell genug ändert. Und beide *Pastoralen* weideten ihre Lämmer.

Die Idylle ist seit etwa einem Jahrhundert die unpopulärste aller Kunstgattungen und Lebensideale geworden. Spätestens seit der industriellen Revolution und den zwei Weltkriegen wagt man nur noch von „giftigen" oder „verlogenen" Idyllen zu sprechen, als wären sie für aufgeklärte Zeitgenossen zu märchenhaft unrealistisch. -- Aber gerade das unaufgeklärte Zeitalter der Aufklärung hatte das Idyll rehabilitiert und reaktiviert als ästhetisches *und* sozialutopisches Widerstandspotenzial gegen die Hässlichkeiten der neuzeitlichen Welt. Die Hirtenidylle vom Griechen Theokrit und Römer Vergil bis zum Schweizer Geßner und deutschen Jean Paul ist keine schönfärberische Ideologie, sondern selber kritische Aufklärung, solange das Leben in der Gesellschaft kein arkadisches Paradies von müßigen Nomaden der Beine und des Geistes ist, sondern eher ein Sklavenhaus sesshafter Hochkulturbürger.

Alles, was zu sehen und zu hören ist, sei bloßer Schein und nicht zum Nennwert zu nehmen. Hinter allen Erscheinungen stecke in Wirklichkeit und in Wahrheit nur Wasser (Thales), Luft (Anaximenes), Feuer (Heraklit), Liebe und Hass (Empedokles), Grenzenloses (Anaximander), Vernunft (Anaxagoras) oder Atomgewühl (Demokrit). Göttliche Naturgesetze und nicht menschliche Satzungen lenken vernünftiges Leben. Intelligenten Logos im All sah Aphoristiker Heraklit als erster walten.

Plato suchte der Vergänglichkeit und Zerstreuung zu entgehen durch Aufschauen zu ewigen Ideen, die keine fixen Ideen sind, sondern logische Denkgesetze und nur reine mathematische Naturgesetze. Sein Meisterschüler *Aristoteles* pries das göttliche Leben der reinen Theoretiker, die nur eigener autonomer "Entelechie" folgen.

Epiktet sah in seiner Macht nicht die Welt, sondern nur seine Meinungen über sie. Der Sklave *Epiktet,* Kaiser *Marc Aurel* und Nero-Berater *Seneca* lehrten stoische Autarkie, unerschütterliche Ataraxie und affektlose Apathie. Anders als die Stoiker lebte *Epikur* fern der Öffentlichkeit im Verborgenen seines "Gartens der Freunde". Der Kyniker *Diogenes* suchte die Freiheit in gebildeter Bedürfnislosigkeit außerhalb von Staat und Gesellschaft.

Pyrrhonische Skepsis war sich ohne Verzweiflung nicht einmal eines generellen Zweifels sicher und enthielt sich gern des Urteils.

Das christliche Mittelalter stellte abseits der Geschichte das gelehrte Klosterleben in Mönchsorden frei, die im Eurolatein über den „intellectus agens" disputierten und scholastische Summen schrieben. *Ens et unum et verum et bonum convertuntur. --- Gratia naturam non tollit, sed perfecit (Thomas v. Aquin).* Und mystische Kontemplation gedieh besser in der Weltabgeschiedenheit heiliger Armut.

Danach richtete *Spinoza* in stiller Klausur seinen „amor Dei intellectualis" auf die Mutter Natur, aus der alle Geschöpfe kommen und in die sie wieder zurückwollen.

Descartes' Ego ist ein Cogito mit "provisorischer Moral", lieber sich selbst als die Welt zu ändern. Sein Konkurrent *Leibniz* sah in jedem monadischen Individuum einen perspektivischen Weltspiegel und alle Monaden durch ihren Schöpfer infinitesimal harmonisch aufeinander abgestimmt.
Kant, der bedeutendste Aufklärer, lebte als ewiger Junggeselle ohne Frau und Kind und Reisen. Sein kleines empirisches Ich kompensierte das Arbeiterkind durch die „transzendentale Subjektivität", die sich ihre Welt schafft, in die sie eingesperrt bleibt.
Fichtes "reine Einbildungskraft", die er Vernunft nannte, distanziert durch "absolute Abstraktion" alle objektiven Fakten und steht frei über sich selbst und über allem in der Welt, frei auch über allgemeingültigen Gesetzen.

Hegel pries den Geist als Selbstaufhebungsmotor aller fixen Standpunkte und kam erst zur Ruhe in der Versöhnungsidylle und im geistigen Sabbat von Kunst, Religion und Philosophie.

Schelling verband Kunst als "Organon der Philosophie" mit dem "unvordenklichen Seyn" der Mutter Natur und dem göttlich „Absoluten" des "Subjekt-Objekts".

Schopenhauer verneinte den allgemeinen Weltwillen durch Ehe- und Kinderlosigkeit, wollte die Dinge "lieber sehen als seyn" und pries die Einsamkeit der Bildungsmuße in der *Meeresstille des Gemüths*, das sich mit der guten Studierstube eine "feuerfeste Kammer in der Hölle" des irdischen Daseins baut.

Nietzsches hagestolzer "Übermensch" liest gern A. Stifters "Nachsommer", Lichtenbergs wie Chamforts Aphorismen und Eckermanns „Gespräche mit Goethe".

Husserls Phänomenologie kommt zur Sache nur durch kontemplative "Wesensschau" und klammert die Realität ein, um die reinen Essentials der Sachen selbst zu begreifen. *Heidegger* suchte "reine Physis" statt menschliche Thesis und die Sache ohne jede Mache. Sein Denken dankte für das vorrangige Seinsschicksal hinter allen sozialen Geschicklichkeiten der neuzeitlichen Zu- und Widerstandswelt.

Jaspers "Existenz" will alles Wissbare wissen und metaphysische Chiffren lesen.

E. Bloch hofft auf die U-topie als *locus amoenus* arkadischer Wunschlandschaften, die dann aber von roten Sozialutopien heillos verwüstet wurden.

Auch *Adorno* zog praxisscheues Reflektieren dem "pausbäckigen Produzieren" vor und sicherte den "Vorrang der Realobjekte" durch eine aphoristische "Gehirnakrobatik".

Alles, was nicht allgemeingültige Logik und Physik ist, war unsägliche Poetik und private Mystik für Ludwig *Wittgenstein.* Ist „analytische Philosophie" psychoanalytische Deutung?

Die konfliktarme Denkerklause ist eine triebsublimierende Zone.

"Es gibt drei Dinge, welche uns in die Lage bringen, über uns selbst hinaus wachsen zu können: die Einsamkeit, die großen Bücher, das heißt der gedruckte Geist, die gedruckten Herzen großer Menschen; und die Natur." (*Peter Altenberg*)

Welcher Mensch weiß sich wertvoller als sein unverwertbares Wissen? Es kommt nicht darauf an, die kosmische Ordnung von menschlicher Subjektivität abzuleiten und auf sie zurückzuführen, sondern diese zu verstehen als primäre Weise, jene verständig aufzunehmen und aufmerksam zu betrachten. Menschliche Werke und Satzungen sind nie zu verstehen und stets zu verbessern, die göttliche Schöpfung hingegen ist nur zu verstehen und nicht zu verbessern. Der Schöpfer ist das einzige Wesen, das nichts mehr zu lernen und alles zu lehren hat. Die Geschichte ist der geordnete Ablauf seiner verborgenen Selbstenthüllungen und offenbaren Selbstverkleidungen in der Schöpfung.

Die geistige Struktur der kosmologischen Ordnung besteht aus logischen Denkgesetzen und mathematischen Naturgesetzen. Solche statischen Kristallgesetze, die der bewegten Weltvielfalt zu Grunde liegen, werden vom modernen Denken zumeist verstanden als verdinglichte Selbstentfremdungsformen, die es politpraktisch zu „verflüssigen" gelte, statt nur autoritätsgebunden angestaunt zu werden. Aber diesen Gesetzen antiautoritär zu begegnen, ist eine Form vertrotzter Ignoranz, der dumme Kieselsteine im Kopf herumliegen. – Subjektivität ist die menschliche Form, Objektivität zu erreichen und zu erleben und Gedanken in Gefühle einzubetten, um *Stellungnahmen* zu den *Gegebenheiten* zu begründen. Der Glanz dieser Gesetze veredelt das empfängliche Gemüt, das nicht mehr wert ist als sein objektiver Tatsachengehalt, das in Gedanken zu ruhiger Gewissheit kommende Denken. Die Antwort und Erlerntes sind wichtiger als die Frage und das Lernen.

Schlimm ist es nicht, seinen Kopf mit abfragbarem Lexikonwissen anzufüllen, sondern diese Inhalte nicht originell aufeinander beziehen zu können. Die Unfähigkeit zu synthetischen Kombinationsleistungen an Materialien wird gewöhnlich auf die vermeintliche Wertlosigkeit dieser Wissensstoffe zu Unrecht übertragen. Je breiter die geordnete lexikalische Stoffbasis des Hirns, desto größer aber das Konfigurationspotential für originäre Akte.

Wer nun Gottes Schöpfung lieber verehren als verändern will, muss sich die Frage gefallen lassen, ob die schöpferische Fähigkeit des Menschen, eigene Welten in die Welt zu setzen, nicht ebenfalls integral zu dieser göttlichen Schöpfung gehört. Ist es nicht

Teil der menschlichen Natur, Gottes schöne Natur für eigene Zwecke zu nutzen, um sein "Mangelwesen" als "physiologische Frühgeburt" durch einen "Sozial-Uterus" zu kompensieren und auch gelegentlich überzukompensieren, weil der Mensch von Natur aus die tierische Instinktsicherheit entbehre und aus natürlicher Not eine kulturelle Tugend machen müsse? Das ist wohl richtig, doch es fragt sich, ob es denn nur Kulturen der *Naturbeherrschung* gibt und nicht auch gültige Kulturen der *Naturentsprechung?* Die ersteren tun so, als seien die letzteren überhaupt keine Kulturen, da deren barbarisches Denken nur faules Abdanken sei vor zerstörerischen Naturgewalten. Aber eine Natur, die gar nicht als Schöpfung verstanden wird, ist nur als ein Vorwand missbraucht, diesen Gott der Väter zu beschimpfen und sein lehrreiches Gesetz zu verraten. Dass die Naturbeherrschung dialektisch immanente Grenzen hat, ist im *Kismet* längst verständig vorweggenommen. Das arkadische Gnadengeschenk ist zu begründen als ein notwendiges Korrektiv menschenverheizender Sozialutopien an dem adamitischen Wesen vorbei und über Leichenberge hinweg. Hier liegt die philosophische Legitimation der kulturidyllischen Sublimationsakte.

Karl Löwith sah die kosmische Natur nicht eingebettet in soziohistorische Zusammenhänge, sondern umgekehrt, und Augustins Prädestinationslehre sah die Vorsehung stets aller menschlichen Vorsicht und Absicht vorweg.

Der adlige *Montaigne* zog sich wie später Larochefoucauld aus politischen Karrieren und allem gesellschaftlichen Treiben ganz zurück in seinen einsamen „Bibliotheksturm" der gelassenen Muße. Die *vita contemplativa* ist der *vita activa* so überlegen wie das Naturgesetz der Sozialsatzung und wie Gottes Wort der menschlichen Literatur.

Am Ende ist die kontemplative Forschungs- und Bildungsidylle genau jene praktische Sozialutopie selbst, von der sie historisch zumeist nur begraben wird. Es gibt das Idyll der Kultur, aber keine Kultur der Idylle mehr, denn heute muss alles rentabel oder wenigstens pragmatisch sein. – Naturidyllen gibt es vielleicht nur noch als Kulturlandschaftsreservate, doch Kulturidyllen sollten uns zur zweiten Natur werden. "Kulturidylle" ist ein Pleonasmus, denn jede Kultur, so anti-idyllisch ihre Themen und Inhalte auch sein mögen, ist idyllisch schon dadurch, daß sie die Wirklichkeit nur über reaktionsverzögernd symbolische Repräsentanzen und Wandlungen erreicht und verspürt.

Auch und gerade diese Versuche, ihre idyllischen Räume vor den harten Fakten der Geschichte nicht zu verschließen, bleiben stets idyllische Versuche, reißende Zeit in beruhigte Räume einzuschließen. Mancher empfindet als Gefängnis, was doch als Refugium vor Praxisprioritäten gedacht ist. Manche leiden unter dem idyllisch beschränkten Charakter der Kultur, der aber ja durch ihre symbolischen Ausdrucksformen selber bedingt ist und dann durch avantgardistisches Zerbrechen dieser Formen auch gar nicht zu zerbrechen ist. Selbst Theatertragödien lassen den unmittelbaren Schrecken nicht direkt, sondern nur transformiert auf die Bühne. Kultur, die die Schranke zerbrechen will, die sie von dem „prallen Leben" der Gesellschaft trennt, übernimmt nur dessen Barbarei; sie ist eine idyllische Form, anti-idyllischen Themen gerecht zu werden, ohne deren Terror zu erliegen. Und der vielverhandelte "linguistic turn" der Geisteswissenschaften ist erst einmal ein idyllic turn. Leute schreiben, *statt* zu schießen und nicht nur, *bevor* sie schießen. Kultur lässt Theorien sterben und keine Menschen; tendenziell ersetzt sie Rache an der Sache durch SpRache.

Unter dem Vorwand, seinen Kopf nicht "mit totem Wissensballast beschweren" zu wollen, hat der Zeitgenosse nicht mehr im Kopf, als nur das Lernen zu lernen, und natürlich ist ein allgemeingültiges Wissen tot, dem ich mein Leben nicht leihe, aber nur dieser Ballast ist es, der das Leben erleichtern kann. Euklid gab einmal Geometrieunterricht, und als ein Schüler ihn fragte, was er von solchem Wissen denn habe, bat Euklid einen Dritten: "Gib dem jungen Mann eine Münze, denn er möchte von den Wissenschaften einen Nutzen haben."

Wissen ist nicht nur in Enzyklopädien auszulagern, sondern auch im Geiste zu erinnern und zu verinnern. Wer sich erheben will zu dem, was ihm erst einmal zu hoch ist, muss sich in eine schwierige, schwerwiegende und (ge)wichtige Materie hineinknien, bis er seinen Stoff in- und auswendig kennt, "by heart and by head". Denken ist wichtig, aber es will endlich zur Ruhe kommen in richtigen Gedanken, und beweglicher Gedankenfluss muss gerinnen zu den geistesblitzenden Eiskristallen fester Gesetze und tragender Strukturen. -- Was ist ein Ende ohne Vollendetes?

Nachdenken denkt Sachverhalten nach und schreibt ihnen ihr Wesen nicht vor. Subjektive Gewissheiten setzen objektives Wissen voraus, auch wenn alles, was naturwissenschaftlich nicht objektivierbar ist, deshalb nicht schon in den Seelencontainer bloßer Subjektivität abwandert. Was die Physiker schon zur *Poesie des Herzens* rechnen, kann immer noch harte Tatsache sein, die zur *Prosa der Welt* zählt.

Nur Langweiler finden Bildungs- und Forschungsidyllen bloß langweilig. Warmes Leben sucht den Anblick heller Sterne. Whitehead, Russells Mitarbeiter, sah die europäische Philosophiegeschichte als „Fußnote zu Plato" und fugte selbst eine hinzu. Ideen von Objekten sind Objekte *zweiter* Ordnung. Allgemeingültige Wesenheiten, unwandelbare Gesetze aller Veränderungen, werden ja von menschlichen Denkfunktionen nicht erzeugt, sondern nur als Objekte erfasst. Kultur ist weitgehend schriftliche Fixierung geistiger Fixsterne über allem Handel und Wandel, und Lebensläufe sind dann brillante Gedankengänge durch oft sehr verwinkelte Gedankengebäude, an denen Denken sich erbaut. Säkularisierung machte Vorn aus Oben und Hinten aus

Unten, seit Zukunftsprojekte die Denkobjekte ersetzten. Was über mir ist, sei mir nicht über, sondern stehe aus und bevor : Herstellung verdrängt die Vorstellung der Dinge, seit Nachdenken nicht mehr nur nachvollzieht, was der Schöpfer uns vormacht, ohne uns „anzuführen". Was ist noch „anzufangen" mit etwas, das schon voll-endet ist?

In Wahrheit kommt jeder zu spät zum Verbessern und zu früh zum Verstehen nur dann nicht, wo es sich um Werke von Menschenhand handelt. Niemand muss sich dumm machen lassen von dem Gefühl, aus Gottes Schöpfung nicht klug zu werden. Geistige Akte gewinnen Sinn und Bedeutung aus nicht selbstgemachten Objekten, deren geistiger Gehalt auf unseren Aktvollzug zurückstrahlt. „Der Mensch ist, was er isst", und es gibt auch geistige Nahrung. Ein komplexer Sachverhalt, den ich verdaue, geht in mich über und macht mich selbst komplexer und mir keine Komplexe. Eine brillante Beweisführung, die ich mir ganz zu eigen mache, macht auch meinen Geist glänzender, und jeder entwickelt den Geist, den er im Kosmos erkennen kann. Bin ich von historischer Praxis nur in Spiel-Räumen suspendiert, und ist der Mensch wirklich nur dort ganz Mensch, wo er spielt? „Schach ist für den Verstand zu viel Spiel, und als Spiel verlangt er zu viel Verstand", schrieb Moses Mendelssohn. „Es sind immer die Geistreichsten, welche die besten Spiele erfinden, und die Dümmsten, welche sie am besten spielen", wusste Leibniz. –

Kurz : Wer seinen Verstand an Minderwertigkeiten übt und verschwendet, macht ihn selber minderwertig, und nur höchste Zwecke wären gerade gut genug für ihn. Die menschlichste Bestimmung liegt weniger darin, Übermenschliches zu leisten, als Über- und Außermenschliches zu verstehen und zu verehren. „Öfter haben die Klugen die Tapferen besiegt als umgekehrt." (*Baltasar Gracian*: „Handorakel der Weltklugheit", Kap. 220)

Ideen sind keine Erstarrungen, die in den Lebenslauf wieder nutzvoll einzuschmelzen wären, wie praktizierende Existenzphilosophen weismachen wollen, aber vielleicht sahen frühere Denker die Welt richtiger im Lichte transzendenter Bestimmungen, in die sie sich selbstüberschreitend kontemplativ hineinentfremdeten, um an deren Substanz teilzuhaben. Das geistige Auge sollte die gierige Hand weniger bedienen und mehr wahrnehmen als nur eigene oder fremde Interessen und Gelegenheiten. Der Geist kommt niemals zu sich unter dem Druck der Lebensnot im Dienst der Zweckbindungen, und Überlegungen sind Unternehmenden allemal überlegen. Der bildungsdurstige Mensch macht sich zu qualifizierter Leere, und Wissenslücken wollen wie leere Stunden ausgefüllt, wie Wünsche erfüllt werden.

„Im Himmel liegen die Urbilder bereit, damit jeder, der guten Willens ist, sie sehe und sein eigenes Selbst danach gründe", schreibt *Platon* : „Ihr selbst seid es, die sich den Dämon erwählen... Die Tugend ist herrenlos." Die philosophische Idylle der Griechen war durch Sklavenarbeit befleckt, von der sich nur Sophisten frei hielten, von Platon gerügt. Der Lutheraner Hegel, der den Menschen nicht in den paradiesischen „Park der Tiere" zurückwünscht, hasst jene prätentiöse Unschuld, Frömmigkeit und Leerheit" „zahmer" Idyllen : „Denn eine in dieser Weise beschränkte Lebensart setzt auch einen Mangel der Entwicklung des Geistes voraus ... Der Mensch darf nicht in solcher idyllischen Geistesarmut hinleben, er muss arbeiten." („Ästhetik", Frankfurt 1955, Band l, S. 255) Hegel kann sich „geistige Bedürfnisse und höhere Zwecke" nur vorstellen im Rahmen bürgerlichen Erwerbsfleißes.

Doch Luhmanns „Komplexitätsreduktion" wäre ein gemeinsames Merkmal von Idyll *und* Kultur.

Die Etymologie des „Idylls" ist ungeklärt. „Eidyllion", die selbständige Kürze des Einzelbildchens, gilt als Diminutiv von „Eidos", der platonisch regulativen Idee.

Themenstellung des Buches:

Kultur als Selbstzweck ist der einzige Garten Eden, der jedermann offensteht. Die reine Bildungs- und Kontemplationsidylle, die nichts als die kosmischen Ordnungen betrachtet, war vermutlich immer selbst schon jene Sozialutopie, von der sie historisch meist nur begraben wird. Das Buch sucht den antiken *"Bíos theoretikós"* zu rehabilitieren und die *Vita contemplativa* gegen allen sozialtechnisch pragmatischen Weltaktionismus zu verteidigen, um die freigesetzte neuzeitliche Subjektivität in den fälschlich bereits verabschiedeten metaphysischen Kosmos wieder zurück zu betten.